熊考核◎主编

王夫之語录

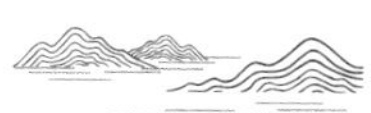

THUS SPAKE
WANG FU-CHIH

CTS
湖南文艺出版社·长沙

图书在版编目（CIP）数据

王夫之语录 / 熊考核主编. -- 长沙 : 湖南文艺出版社, 2024. 6. -- ISBN 978-7-5726-1719-5

Ⅰ. I207.22

中国国家版本馆CIP数据核字第2024HA6914号

王夫之语录

WANG FUZHI YULU

主　　编：熊考核
出 版 人：陈新文
监　　制：谭菁菁
责任编辑：何　莹　李　涓
装帧设计：杨发凯　宋　娟
书名集字：北魏书法碑帖

出版发行：湖南文艺出版社
（长沙市雨花区东二环一段508号 邮编：410014）
印　　刷：长沙超峰印刷有限公司
经　　销：湖南省新华书店
开　　本：710mm×1000mm 1/16
印　　张：18
字　　数：220 千字
版　　次：2024年6月第1版
印　　次：2024年6月第1次印刷
书　　号：ISBN 978-7-5726-1719-5
定　　价：98.00元

王 夫 之

（1619—1692）

《王夫之语录》编辑委员会

序

唐浩明

让王夫之走向社会，走进大众

近世中国经历过三千年一大变局，国家所受到的屈辱，百姓所遭受的苦难，思想界所遇到的迷茫，都是中国历史上所少见的。

但中国没有沉沦，一批批忧国忧民之士，为民族的尊严、出路与复兴，前赴后继地思索着奋斗着。此中尤以湖湘子弟的所作所为，更加可歌可泣、光彩夺目。所谓“一部中国近代史，半为湘人奋斗篇”，这话并不夸张。

人们要问，为什么在长达百余年间，湘人能领时代之潮流呢？这里的原因很多，其中有一点不能忽视，那就是近代湖湘有一个大学说，它体系宏富、博大精深，不断地给湖湘儿女以思想启迪、理论武装、文化自信、力量源泉。这个学说就是船山学，它的创立者乃衡阳王夫之。

王夫之，字而农，号姜斋，明末举人。明朝将亡时，曾短暂出任过南明王朝的低级官员。南明灭亡后，也曾起兵武装反抗清政权，失败后隐居山林，发愤著述。因所居之地有一座石船山，后人遂尊他为船山先生。王夫之在隐居的四十多年里，著书四百余卷，近千万言。他的著作包罗万象，堪称当时的百科全书，但可惜的是生前未出版过一卷一册。

王夫之死后，其子王敔刻印乃父遗作10余卷，然影响面不大。乾隆朝开四库馆，有人推荐王夫之遗著，被选中六部。道光年间，著名学者邓显鹤主持刻印王夫之著作150卷，这是其遗作的第一次较大规模出版。同治年间，曾国藩设金陵书局，刻印王夫之著作322卷。他亲自校刊其中的117卷，并为之作序，称王夫之为“博文约礼、命世独立之君子”。因为这两个版本都署名船山遗书，故世人将王夫之的学说称之为船山学。从那以后，船山学大昌天下。

在那个黑暗混乱的时代，有志之士渴望有一盏照亮心灵的明灯。船山学继往圣之统绪，开时代之先声，它是明清易代之际，中国乃至全人类文明成果在学术领域里所能达到的最高峰。船山学自然而然地成为这样一盏辉光熠熠永不熄灭的心灯。无论是传统的经世派，还是与时俱进的洋务派、行君主立宪的维新派，乃至以推翻清廷为目标的革命派，都能在这里获得丰富的收获，甚至连专心治学不问政治的书生，也能从中得到开卷之益、读书之乐。

湖湘之学与孔孟程朱一脉相承，从本质上说乃心性之学、义理之学，看重的是人格与学问的统一。作为从道南正脉岳麓书院走出的高材生，王夫之本人集忠诚与狷介于一身。他发愤著书，一不为功名，二不为稻粱，为的是究天地之心、人世之道，追求的是为生民立命，为万世开太平。其信仰之纯粹、品性之高尚，实乃士林大贤、众生楷模。他的言教与身教完全契合，这种人格的影响、榜样的力量是不可抗拒的。

如果说王夫之的学说如汪洋大海，那么王夫之的人格就是巍巍高山。古今中外，这样的人物极为罕见。

近世湖南之所以人才辈出，有这盏出自本土的心灯的照耀，实为重要之原因。王夫之之于湖湘，厥功甚伟。

然而，王夫之遗书义理深奥、文字晦涩。当年曾国藩在校阅过程中，常有不甚解其义的感叹。曾氏尚且如此，怪不得许许多多的读者面对着这片汪洋大海，不得不望而却步。

所以，说句实在话，尽管大家都知道王夫之这个人，都知道他的学问了不得，但要问其究竟，则绝大部分人都答不上来。船山学从诞生以来，其实只存在于上层，存在于精英，只是课堂上书斋里的高深学问，与社会大众关系不大。

王夫之的本意并不在此，他是要经世致用、利国利民的。只是因阅读上的障碍，在众人那里，他的满腹经纶就只成了一腔孤愤！

多年来，我一直在想，如果有高人将王夫之的书籍用白话文翻译出来，并对其中的那些微言大义予以剖析，让今天的读者能愉快地阅读，那将是一件功德无量的事。不过这桩事真要做起来，确实不容易！

有人却迎难而上，偏要做这个事。在衡阳，有一批学者，他们以夫之之精神治夫之之学，经年累月，淡泊名利，甘于寂寞，孤灯黄卷，孜孜不倦地攻读那些古拙的文字。他们自觉地接续夫之文脉，传递夫之薪火，其中著名船山学专家熊考核先生尤为突出。他用毕生心血研究王夫之，成果丰硕。现在，他又推出这部《王夫之语录》。

今人要做的事很多，除开那些专门研究者外，要想再出一个像谭嗣同那样闭户一年苦读王夫之全书的人，已不可能了。但还是有不少人热爱王夫之、想多了解他的学说，于是以语录的形式，来以点概面地展现博大的船山学，并以注释、翻译等方式来消除隔阂，以提要的方式来打通古今，而选编者则将自己的学术素养、对船山的研究成果融汇其中。这种将中华优秀传统文化作创造性转化创新性发展的努力，既适逢其时，又很值得文化界称赞。

这是一部让王夫之走出象牙塔尖、走向社会走进大众的好书，我乐于为之推荐。

二〇二三年初夏于静远楼

前言

熊考核

文化是一座城市的灵魂。夫之（船山）文化是湖湘文化的精神高地，也是衡阳城市文化的灵魂。

王夫之（1619—1692）是生于衡阳逝于衡阳的具有世界意义的伟大思想家。

王夫之，字而农，号姜斋，世称“船山先生”。明万历四十七年（1619）九月初一生于衡州府城王衙坪，清康熙三十一年（1692）正月初二逝于衡阳县金兰乡湘西草堂。因其晚年隐居在石船山附近，逝世前写有绝笔文《船山记》。文曰：“船山，山之岑有石如船，顽石也，而以之名。”以“顽石”的贞固抱独精神自况。后世学者仰慕其精神和人格，广以“船山”称之。其精神卓绝，明大义，敢担当，求真知，开生面，独立天地，辉映古今。其一生，崎岖磨难，生死当前，大义担当，抱独奋争，退伏幽栖，俟曙而鸣，风骨嶙峋，绝笔峥嵘。其毕生逐梦，梦系民族复兴、中国强盛。早年“晓梦”，求学报国；中年“续梦”，扶倾救国；晚年“逐梦”，文化兴国。

王夫之既是中国传统学术文化的批判总结者和集大成者，又是开新传统、复兴民族的启蒙先声。

王夫之为学主旨在于明道救世，复兴中国，复兴民族。他“埋心不死”，捍卫华夏文化，坚守民族精神家园，自觉担当文化兴国历史使命。他一生著述一百多种，四百余卷，言近千万。他为学“坐集千古之智”，正本儒学，镕铸老庄，吐纳佛道；宗述孔孟，出入五子，神契张周，辨析程朱，否定陆王，卓为圣哲。其学博大精深，其理论创见之丰，学术贡献之巨，思想影响之大，堪为孔子之后的天地大儒。

王夫之的伟大，不只在总结传统，更在于开新传统，“破块启蒙”，其学成为近代中国社会变革和民族复兴的直接思想源头，是为民族复兴的启蒙先声。他的思想是中华优秀传统文化的代表，其可继承性和现代意义，越来越引起今人的关注。习近平总书记在谈治国理政时，曾多次引用王夫之语录。

王夫之其人其学其魂是中华文化一道“亮丽醒目”的风景，我们不仅要从学术层面研究王夫之，更要让船山学走出书斋，走出纯学术；以大众化的方式使其走向社会，走进老百姓生活当中。

本书为王夫之思想的普及文本，是为广大市民和干部了解、认识王夫之编撰的通俗思想读本，为方便广大市民和干部阅读，本书采用语录形式展示其思想。从其洋洋数百万字著述中撷取思想精华，分为哲学、政治、历史、伦理、经济、教育、美学和其他等八类予以呈现，全书结构由语录、注释、大意和提要四个部分组成。

语录：选择王夫之某一方面有代表性的思想论述，选本以岳麓书社 1996 年版《船山全书》为底本。全书语录出处体例一致，如“哲学”类“天人之蕴，一气而已”条，语录出处为：《船山全书》第 6 册，第 1052 页，《读四书大全说》卷十；省略“岳麓书社1996年版”。对底本原文中个别错字有所订正，如《船山全书》第1册第1008页引文中“亲故相资”应为“新故相资”；《船山全书》第15册第128页引文中“一坏之土”应为“一抔之土”。书中依据文意予以订正。个别语录标点有所不同。

注释：王夫之著述为文言文。他生活在明清变故特定时代，故其文字时有晦涩之处，文笔古奥，文意曲折，今人阅读多有困难。在语录选择中，尽可能选用既能代表其思想精义又易读通读懂的文字段落，对今人理解困难的重点字句进行注释。

大意：为方便阅读和理解，采用直译和意译结合的方式，对文言原文进行白话翻译，让阅读者能读通读懂原文。

提要：结合每段语录，提纲和点评其思想精义，提炼其思想价值，提示其借鉴意义和现代转化，力求古为今用，以古鉴今。

在“语录”正文之后，附录了几篇重要短文。考虑其特殊性，放在“其他”类。其中《船山记》是王夫之人生绝笔，也是船山之名和船山精神的根由。《示子侄》是王夫之教育子弟从小立志的佳作。虽是一篇“家训”，却能涵泳古今，对世人有普遍的教育意义。

这本《王夫之语录》以提升党政干部和广大市民的文化道德修养为目的，旨在引导他们深入了解船山文化，进一步坚定文化自信，致力于推动文明衡阳的建设和历史文化名城的打造。编选王夫之思想语录130余条，各条做了简明注释和概说“提要”。以“语录”方式刊行，主要是考虑党政干部业余学习时间“碎片化”的特点和广大市民对学术的“距离感”以及对精品文化的需要，目的也是弘扬中华优秀传统文化，打造好船山文化品牌，提升衡阳文化软实力。“语录”体是传统文化传承的一大特色，如孔子《论语》、朱熹《朱子语类》都是以语录形式传承儒学，其言简意明，平易近人，为历代学人所重视，为历代读者所关注。如果这本“语录”能激发众人关注优秀传统文化和夫之思想的兴趣，触动人们关心夫之文化，增强文化自信，推动文化强国的事业，那善莫大焉。这也正是王夫之所向往的实现民族复兴的意义所系。

中共衡阳市委、市政府高度重视弘扬中华优秀传统文化和船山文化，中共衡阳市委宣传部、市社科联对本书编撰出版予以大力支持，省社科院哲学所原所长、船山学社原社长、著名船山学专家王兴国研究员审读书稿，并提出宝贵修改意见，著名学者、作家唐浩明先生为本书作序，在此，一并致以真诚谢意和崇高敬意！

二〇二三年初秋于羊人居

目　录

哲学

毛泽东题“船山学社”

六经[1]责我开生面[2]，七尺[3]从天乞活埋[4]。

出自《船山全书》第 15 册，第 921 页，《船山诗文拾遗》

大意

儒家正学要求我辈奋起，捍卫华夏文明，开创文化发展新局面；血肉生命顺从天意而生，为求民族复兴我宁愿活埋自己。

提要

自题堂联，是船山一生的自我写照，也是其精神的旷世绝唱。船山一生大义至上，孤忠独抱，埋心不死，贞固卓绝，泣血奋斗，绝笔峥嵘。他青年读书报国，中年坎坷救国，晚年不改复国之志。其一生志在强盛中国，复兴民族。他于磨难中奋起，自觉担当文化救国的使命，坚守民族精神高地，矢志开创华夏文化发展的历史新局面，其“埋心不死”、明大义、敢担当、求真知、开生面的精神，堪称一代民族魂。

注释

1. 六经：六种儒学经典。即《诗经》《尚书》《礼记》《乐经》《周易》《春秋》（其中《乐经》失传，所以又称“五经”；《礼经》汉代指《仪礼》，宋以后《五经》的《礼经》一般指《礼记》）。这里“六经”代表中国儒学正学经典。

2. 生面：新的局面。

3. 七尺：人身高大约古尺七尺，因以“七尺”代称身躯。

4. 活埋：将活人埋在土里。这里指自埋，以精神殉道方式去追求民族复兴的人生境界。

新[1]故[2]相推[3]，日生[4]不滞[5]。

出自《船山全书》第2册，第302页，《尚书引义》卷三

大意

新旧事物交相更替，每天变化发展，不会停滞不前。

提要

“变化日新”是船山哲学的重要理念。在船山哲学中，宇宙世界是在不断发展变化的，人类社会是在不断发展变化的，人生是在不断发展变化的。船山认为社会发展是新事物取代旧事物，新生事物不断呈现的历史发展过程。他的“日新”哲学对中国近现代社会变革产生了重要影响，受到了后世的推崇。习近平总书记在2017年新年贺词中，引用了王船山“新故相推，日生不滞”这句名言，表达了中国共产党人改革创新谋发展的决心和全面建成小康社会，实现中国梦的信心。

注释

1. 新：指新生事物。

2. 故：旧，指旧事物。

3. 相推：互相交替。推，时间推移、变迁。

4. 日生：原意为太阳出来，这里指每天生长。

5. 滞：停止。

天[1]人之蕴[2]，一[3]气[4]而已。

出自《船山全书》第 6 册，第 1052 页，《读四书大全说》卷十

大意

自然与人类所蕴含的物质统一性，是气这个物质本体而已。

提要

“气”是船山哲学的最基本概念。从本体论上看，船山哲学是气本论。他坚决反对程朱理学的“理本论”和陆王心学的“心本论”，认为“理本论”之理和“心本论”之“心”背离了宇宙世界的真实意义，都是以主观说客观，以无说有。他承继北宋张载的“气说”，主张“理依于气”，反对气外说理。并对气进行更高层次的哲学概括，予气以物质一般意义上的哲学抽象，认为世界的本质属性是“气”，世界的物质统一性在“气”，并对气作了“气——诚——实有”的新阐释，实现了本体论的新突破。

注释

1. 天：船山言天有多重意思，这里是指宇宙自然。

2. 蕴：细缊，蕴含。

3. 一：唯一。

4. 气：物质本体。“气”是船山哲学的基本概念，船山所言之“气”不是指一般意义上的空气或者物理概念上的各种气体，而是从哲学高度上抽象的物质统一性——物质本体。

太虚[1]者，本[2]动[3]者也。

出自《船山全书》第 1 册，第 1044 页，《周易外传》卷六

大意

宇宙时空，其本性在于运动。

提要

“太虚本动”是船山宇宙运动观的基本命题。“主动”是船山哲学的鲜活标志。“动”贯穿于船山整个思想。他认为运动变化是一切事物存在的共通规律和基本属性。生命在于运动，万物生生不息，生生不已，根本原因在于事物的运动本性。他的“太虚本动”形成其颇具特点的气化生成论、“日新”发展观和“主动”的人生观。

注释

1. 太虚：宇宙空间。
2. 本：草木根部，这里引申为本源、本性。
3. 动：运动变化。

动静互涵，以为万变之宗。

出自《船山全书》第1册，第949页，《周易外传》卷四

大意

宇宙世界的运动、静止是互相涵泳的，这是万事万物变化的根本。

提要

在船山运动观中，动是绝对的，静是相对的。动者恒动，静者静动，动静皆动。他把运动分成两种形态：一是动态的动（动之动），一是静态的动（静之动）。宇宙生命的本质是运动，宇宙万物无时无刻不在运动之中。没有运动，就没有生命，就没有万物。所以运动是万物生命所系，是万物变化的根本。尤为可贵的是，他从“太虚本动”的本体论中引申出“主动”的人生观，反对宋明理学“主静”的人生哲学，为中国哲学开辟了一条积极有为的新路。

名[1]非天造[2]，必从[3]其实[4]。

出自《船山全书》第12册，第448页，《思问录·外篇》

大意

事物的名称不是自然产生的，一定要依从实事（客观实际）去认识，与实际相符。

提要

名与实，是中国传统哲学一对基本范畴。所谓名，指事物名称，所谓实，指实事或真实具体的东西。船山在认识名实关系中，重视名实的辩证关系，强调“实”的第一性，实比名更重要，突出客观世界的真实性和实在意义，提醒人们不要为“名”所惑。船山此言是针对天文历法中主观命名与客观真实对象的关系所阐述的基本思想，主张“名从实起”，认识事物，事物的名称固然重要，但最根本的还是真实事物的本身，所以一定要从实际出发，实事求是。习近平总书记在庆祝中国人民政治协商会议成立65周年大会的讲话中，引用了船山“名非天造，必从其实”这句话，来解说现代民主的名与实关系。实现民主的形式是丰富多样的，不能拘泥于某种固定的模式，局限于“民主”之名，来规定中国的社会主义“民主”之实，一定要从中国特色的社会主义民主之“实”出发，丰富发展“民主”的观念内涵，最终形成名实相符的具有中国特色的社会主义民主政治制度。

注释

1. 名：事物的名称，与实相对。
2. 天造：自然产生。天，指自然。
3. 从：从属，依从。
4. 实：与名相对，事实、实际、实事，真实具体的东西。

与时[1]偕行[2]

出自《船山全书》第12册，第87页，《张子正蒙注》卷二

大意

（万物生长）要与自然四时变化一起运行。

提要

自然事物与社会人生的发展都不能“违时”，违时便是违道，违背天地化生的规律。万物的健康生长，万事顺利发展，都是“与时行而不息”（《张子正蒙注》卷五）。重视历史发展辩证法，船山把自然界的“与时偕行”，引申为社会人生的“与时偕行”，认为历史发展，社会进步，要紧随时代前进而前进，紧随时代变化而变化。他的“与时偕行”与当今的“与时俱进”，在哲学传承上可找到内在的思想联系。

注释

1. 时：季节，四时。这里指自然历史的变化时机。
2. 偕行：一同行动。

天下[1]惟器[2]而已矣。

出自《船山全书》第 1 册，第 1027 页，《周易外传》卷五

大意

客观世界是由具体事物构成的。

提要

这是船山“道器关系”的一个重要命题。船山重“器”是其重“气”的理论延伸。与程朱理学以道（理）为“生物之本”的观点不同，他鲜明提出“天下惟器”的命题，认为天下之道都是从天下之器产生的，提出了“器外无道”“道在器中”的观点，认为宇宙的万事万物都是具体真实的存在，世界上不存在脱离具体事物而存在的先验之道（理），并提示了“一般存在于个别之中”“没有个别或特殊就没有一般或共相”的道理。

注释

1. 天下：这里指客观世界。
2. 器：与“道”相对，指具体事物。

理[1]者，物[2]之固然[3]，事[4]之所以然[5]也。

出自《船山全书》第12册，第194页，《张子正蒙注》卷五

大意

客观规律，是天下事物存在的固有法则，是天下事情发展变化的内在缘由。

提要

这句话是对北宋哲学家张载思想的发挥。张载在其《正蒙》一书中提出："循天下之理之谓道，得天下之理之谓德。"认为理存在于万事万物之中，理是客观事物之理，而非脱离客观世界的所谓天理。遵循这个理，就是道；得到这个理，就是德。对此，船山发挥了张载的朴素唯物主义思想，他进一步明确了理是客观规律，理是存在于客观事物之中的不以人意志为转移的客观规律。理，包括了两方面含义：一是"物之固然"，是客观事物的固有法则或规律；二是"事之所以然"，是客观事物发展变化的内在规律。总括

来看，理就是事物存在的固有法则，是事物运动变化和发展的内在规律。船山主张认识世界、改造世界，要遵循客观规律，按规律办事。船山的这个思想为我们今人所珍视。习近平总书记在2015年10月26日《关于〈中共中央关于制定国民经济和社会发展第十三个五年规划的建议〉的说明》中引用了他的“理者，物之固然，事之所以然也”这句话，要求我们认识和把握我国的发展规律，以新发展理念构建新发展格局。

注释

1. 理：道理，事理。这里指客观规律。
2. 物：客观事物，指客观存在的一切物体。
3. 固然：本来如此，这里指事物固有的法则。
4. 事：事情，事物；指客观存在的一切现象。
5. 所以然：这里指事物发生变化的内在规律。

夫诚[1]者实有[2]者也，前有所始[3]、后有所终[4]也。实有者，天下之公有也，有目所共见，有耳所共闻也。

出自《船山全书》第2册，第306页，《尚书引义》卷三

大意

什么是诚？诚就是客观事物的真实存在。客观事物变化前所依据的，变化后所依存的，都是实有的本体。什么是实有？就是客观世界共同拥有的客观事物。这些客观事物是人们用眼睛看得见的，用耳朵听得到的。

提要

“诚”是船山哲学的最高抽象。他以“气——诚——实有”的哲学抽象，揭示了客观世界的物质统一性和物质世界的根本属性——客观实在性，这是船山对中国哲学的一大贡献。船山哲学之“气”“诚”已超出具体实物概念的局限，上升至表述物质一般的客观实在性的理论高度，从而实现了中国

哲学认识史的一次飞跃。在船山“气本论”的本体论中，世界的物质统一性是“气”，世界的实在性和真实性是“诚”，气与诚都是标志着实有的哲学范畴。

注释

1. 诚：客观真实，实有。诚与气，是船山哲学的基本概念。
2. 实有：真实存在。指一切客观存在的具体事物。
3. 前有所始：客观事物变化前所依据的本体。
4. 后有所终：客观事物变化后所依存的本质。

尽[1]天地[2]只是个诚[3]，尽圣贤学问只是个思诚[4]。

出自《船山全书》第6册，第996页，《读四书大全说》卷九

大意

尽力认识自然世界的本质只是一个实有的真实存在，尽力认识圣贤学识的根本就是对这个真实存在本质的思考。

提要

对世界的本质和存在的意义作出合理性解释，是哲学家的基本任务。船山对宋明理学的突破，或者说对中国古代哲学的突破，就是与“气”一样，以“诚”为中心概念去展开哲学基本问题的。宋明理学从根本上说，是以超越一切的精神本体来解释世界存在的本质和意义的。程朱理学、陆王心学认为，在客观物质世界存在之先，有一个先于和高于客观世界的精神本体“天理”或“心”存在，是这个高于一切的精神本体产生世界万事万物，这个精神本体是世界存在的本

质和最终依据。船山坚决否定这种说法，他以“气”和“诚”对客观世界的物质统一性和客观实在性作出了根本的概括。“气”是他对宇宙世界本原的认识，是对世界物质统一性的抽象；“诚”是船山对宇宙世界实有本质的认识，是对世界客观实在性和真实性的抽象；他以“气——诚——实有”的新阐释，揭示了客观世界的根本属性和世界存在的合理依据，从而实现了中国古代哲学的本体论突破。他自己也认为，“诚”在其哲学论证中，“是极顶字，更无一字可以代释”（《读四书大全说》卷九），所谓“极顶字”，用今天的哲学术语讲，就是最高哲学概括。船山以“诚”概说客观世界的存在与本质，是向人们揭示一个真理：客观物质世界是真实存在的，是不以人的意志为转移的；正因为真实存在，所以客观世界是可以认识、可以改造的。

注释

1. 尽：穷尽之意，力求达到最大限度。
2. 天地：这里指自然世界。
3. 诚：本义是道德意义上的真心、真实。船山将其改造为哲学意义上的“实有”，即客观的真实存在。“诚”是船山哲学最重要的概念之一。
4. 思诚：对真实存在的思考。

自然者天地，主持者人，人者天地之心。

出自《船山全书》第1册，第885页，《周易外传》卷二

大意

自然世界天地无为，主导自然世界的是人类。人类，是天地自然的自觉有为的主体。

提要

船山十分重视人的主体地位和作用。他认为在宇宙自然中，人既是自然的存在，但更是主体有为的存在。自然是无为的，人是有为的。人之所以成为“天地之心”，就在于人的主体地位和主观能动性（主持），人能有“心”去认识天地自然规律，明确人在宇宙自然中的特殊地位，并能发挥出主观能动性去适应自然，改造自然，进而创造人类社会。他强调了人的主体性和能动性。

故知[1]者非真知[2]也，力行而后知之真[3]也。

出自《船山全书》第7册，第575页，《四书训义》卷十三

大意

一般的认识（理论知识）不会揭示事物的规律而形成正确的认识，只有通过努力实践后，才会有达到事物本质的认识。

提要

人的正确认识不可能一次完成，在人的认识过程中，认识——实践——再认识——再实践，是个不断深化的过程。在认识过程中，实践的功用十分重要，只有通过努力实践，人们的认识才可能把握事物发展变化的规律，达到对事物本质的认识。人的认识正确与否，一个理论正确与否，不是靠认识和理论本身去检验的，检验认识和理论正确与否的唯一标准，是实践。船山这句话最好的注脚是：实践出真知。

注释

1. 知：这里指认识（理论）。

2. 真知：达到事物本质、揭示事物规律的认识，即正确的认识。

3. 知之真：达到事物本质的认识。

知行相资以为用。

出自《船山全书》第 4 册，第 1256 页，《礼记章句》卷三十一

大意

认识与实践相互作用以发挥它们的功用。

提要

船山的知行观在传统哲学中是极具特色、极具卓识的知行观。他的知行观有一个显著特点，就是在重“行”基础上的知行统一观。他着重强调“知”源于“行”，“行”检验“知”，“知”的目的在于“行”。在人的认识过程中，“知”“行”不可割裂，二者是相互依靠、相互作用的。人的认识是一个循序渐进、由浅及深、由表及里、不断发展的过程。船山讲“知行相资以为用”，还讲“知行并进而有功”，其实是一个意思：认识与实践，理论与实际，是一个有机结合，相互作用的过程。人之“致知”是没有止境的，人之“力行”也是没有止境的，只有在“认识——实践——再认识——再实践”的过程中，才能达到“真知”的境界。

知之尽[1]，则实践[2]之而已。实践之，乃心所素知[3]，行焉皆顺，故乐莫大焉。

出自《船山全书》第12册，第199页，《张子正蒙注》卷五

大意

人的认识达到极限的时候，只有面向社会人生的实践活动才能突破认识的困境。面向实际的践行，与主观的认识相合，人的行动一切都会顺达，这样的知行统一就会给人生带来莫大的快乐。

提要

船山哲学是中国古典哲学的“实践哲学”。其知行观的一个基本结论是：人类认识的目的在实践。在传统知行观中，他重实践是别具卓识的。他所言“实践”不仅包含了传统的道德践履，亦凸显了他那个时代的改造自然和社会人生的实践活动，其中透露出的近世哲学的实践意义，格外引人注目。

他的“以人造天”“一介之士皆可造命”“性日生日成”等富于进取精神的朴素实践观，是中国早期启蒙思潮的先声。

注释

1. 知之尽：认识达到极限。

2. 实践：船山的“行”当然包含了传统的道德践履，但他又突破了传统伦理的践行意义，有了更深的面向社会人生实际的践行活动。这里指面向社会人生的实践活动。

3. 素知：心中已有的、之前已经形成的认知。

天道[1]不遗[2]于禽兽，而人道[3]则为人之独。

出自《船山全书》第12册，第405页，《思问录·内篇》

大意

自然规律适用于包括动物在内的自然界，但社会规律却是人类独有。

提要

船山认为人是自然的存在，人道是天道的一部分。人要顺应自然而生，又要发挥人的主体能动性去自觉有为，去改造自然、创造社会。人道就是人类自觉有为的法则，它既体现了天道规律，又突显了人道有为的主体性和主动性，“以人道率天道”去主动有为于世界。

注释

1. 天道：自然规律。
2. 遗：遗漏，遗留。
3. 人道：社会规律。

《易》[1]本[2]天[3]以治人，而不强[4]天以从人。

出自《船山全书》第1册，第1096页，《周易外传》卷七

大意

《周易》之道的根本是依据自然客观规律来治理人类，而不能强迫自然客观规律去服从人类的意志。

提要

在天人关系中，人道有为，天道无为。但人道有为也不能违背天道规律。天道是宇宙世界的客观规律，它是不以人的意志和人道为转移的。人道有为，首先是“尊天”，必须顺应客观规律；其次“相天”，人是可以认识和把握客观规律的，利用天道为人道服务；再者，“造天”，用人道的主观能动性，改造和再造自然。总而言之，在处理人与自然、人道与天道的关系中，人不能违背客观规律，以主体的意志强迫客观规律为自己服务，更不能为人道需要去破坏客观规律。

注释

1.《易》：古代卜筮之书，包括《连山》《归藏》《周易》，合称“三易”。现仅存《周易》，简称《易》，被儒家列为经书之一。

2. 本：本原、根源，这里引申为依据、按照。

3. 天：这里指自然客观规律。

4. 强（qiǎng）：强行、强逼。

天地之德[1]不易[2]，而天地之化[3]日新。今日之风雷非昨日之风雷，是以知今日之日月非昨日之日月也。

出自《船山全书》第 12 册，第 434 页，《思问录 · 外篇》

大意

天地的本性和运行规律是不会改变的，而天地变化每天会有新的气象。今天的风声雷声，已不同于昨天的风声雷声了；因此可以知道今天的太阳、月亮，已不同于昨天的太阳、月亮了。

提要

每天的太阳都展现出新的状态。这是船山的一个独特认识。天地时时都在运动变化之中，万事万物时时都在运动变化之中，社会人生时时都在运动变化中。历史在发展，社会在发展，人们不能守成不变，而要创新发展，因时而变。

注释

1. 天地之德：这里指天地的本性和规律。德的本源是道，即规律。

2. 易：这里指变易，变化。

3. 天地之化：天地的运动变化。

未生[1]之天地，今日是也；已生之天地，今日是也。唯其[2]日生，故前无不生，后无不生。

出自《船山全书》第1册，第885页，《周易外传》卷二

大意

未发生变化的天地，即潜在的、尚未显现的天地，正是今天的天地；而已经发生变化的天地，也即今天我们所见的天地。正因为天地自然每天都在变化新生，所以以前的天地自然都是新生变化过程，以后的天地自然也都随新生变化而至。

提要

变化日新（日生）是船山“主动”哲学的一大特点。天地自然和人类社会的万事万物都处在“日生”变化之中，变化日新是事物运动的基本法则。从时间上看“过去”是“今日”的过去，“未来”是“今日”的未来。过去和未来都

包含在“今日”之中。船山的时空观极具辩证思维，“今日”既是过去的终点，又是面向未来的起点。过去已成过去，但未来还未到来。人们要想有所作为，必须立足现在之“今日”，把握好现在之“今日”。一切从现在开始，努力总结好过去，开辟美好的未来。

注释

1. 未生：没有变化。生，本义是指草木生长，这里指变化。
2. 唯其：副词，只因为，正因为。

天地之间，流行[1]不息，皆[2]其生[3]焉者也。

出自《船山全书》第1册，第1042页，《周易外传》卷六

大意

宇宙自然之间，运动变化永远不会停止，一切都是万物生化的结果。

提要

“生”，是宇宙自然一切生命运动的本质，船山提炼了这个观点。他认为，“细缊化生”，“生”是宇宙的气化运动，是宇宙的“至常”（基本）规律，正因为有宇宙的气化运动，才会有天地万物的生生不已；宇宙的气化运动是永恒的、绝对的，所以万物也是生生不息的，从而使宇宙自然充满了生命的活力。他从宇宙自然的生生不息的生命运动引申到人类社会生生不息的人生活动，尤为重视尊生、珍生与健生，同时又强调“推故致新”，“日生”其新的人性、人生哲学，开启了“日新”哲学的新天地。

注释

1. 流行：流动运行，指宇宙自然的气化运动。

2. 皆：普遍，全部。

3. 生：生长、生育。指宇宙自然生化万物的生命活力。

天下之变万[1]，而要[2]归于两端[3]。

出自《船山全书》第13册，第18页，《老子衍》

大意

天下的事物千变万化，但是其变化的关键在于（阴阳矛盾）两个方面。

提要

“两端一体”是船山辩证法的基本思路，也是其矛盾统一观的集中概括。阴阳是事物矛盾性的一般抽象，阴阳存在于一切事物之中，任何事物都是阴阳并存的矛盾统一体。天下万物虽有千变万化，但归根到底是由阴阳“两端”引起的，可以说没有矛盾就没有一切。任何一体中矛盾着的对立面之间的二重关系，既是“分一为二”的关系，又是“合二以一”的关系。船山以“两端一体”来概说世界的矛盾的普遍性。

注释

1. 万：这里表示数量极多，无穷无尽。

2. 要：要领、关键。

3. 两端：指阴阳，事物本体对立统一的两个基本方面。古人认为天下万物都是由矛盾的两个对立面——阴阳构成的。

故天下亦变[1]矣，所以变者亦常[2]矣。相生相息[3]而皆其常，相延相代[4]而无有非变。

出自《船山全书》第1册，第946页，《周易外传》卷四

大意

世界本质是变化的，所以说事物运动变化是常道。事物的变化发展都体现了周期变化的常道，事物发展变化的延续、交替也无不表现在运动变化中。

提要

“变”与“常”是船山矛盾观的基本范畴。船山坚持以发展变化的观点去认识事物。“变”是“道”的本质表现，“变”就是“常”；从世界的运动本质看，不动、不变才是反常的。运动与变化，才是事物的常态，这是与他的“主动”的动静观相一致的。认识“常”“变”关系，在于把握事物发展的普遍法则，“奉常以处变”（《周易外传》卷七），能动地改造世界。

注释

1. 变：变化。指事物普遍的矛盾运动。

2. 常：常态。指事物运动变化的规律和常态。

3. 相生相息：指事物发展的运动变化周期。生，生长；息，停止、休息。

4. 相延相代：事物发展的延续、交替变化。延，延长、延续。代，交替、轮流。

色、声、味之在天下[1]，天下之故[2]也。色、声、味之显于天下，耳、目、口之所察[3]也。

出自《船山全书》第2册，第407页，《尚书引义》卷六

大意

（事物）颜色、声音、味道存在于客观世界，这是客观世界客观事物固有属性的根由。各种颜色、声音、味道能够显现在客观世界，这是因为人可以用眼睛、耳朵、嘴巴去感知到它们的存在。

提要

船山坚持唯物主义认识论。人的认识的产生，首先是靠人的感官与外物“相交”，这是认识产生的前提。色、声、味这些东西，是客观世界本来就有的，人们感知它们。它们之所以能在人们面前显现出来，是因为人用耳、目、口等感官对其作用和反应的结果。人用感官去感知外物，

这就是与外物“相交”，“相交”就能产生认识，不“相交”就不能产生认识。

注释

1. 天下：指客观世界。
2. 故：原因、根由。
3. 察：观察、仔细看。这里指感觉。

目所不见，非无色也。耳所不闻，非无声也。言所不通，非无义[1]也。故曰“知之为知之，不知为不知”[2]。知有其不知者存，则既知有之矣，是知也。因此而求之者，尽其所见，则不见之色章[3]；尽其所闻，则不闻之声著[4]；尽其所言，则不言之义立。虽知有其不知，而必因此以致之，不迫于其所不知而索[5]之，此圣学[6]、异端[7]之大辨。

出自《船山全书》第12册，第401页，《思问录·内篇》

大意

眼睛没有看到的，不能说没有颜色。耳朵没有听到的，不能说没有声音。言语没有表达的，不能说没有意义。所以孔子说：“懂得的就是懂得，不懂就是不懂。”认识到外界有我们一时无法感知的事物存在，那就意味着已经意识到自己认知的局限性，这本身就是真正的智慧。用这样的智慧去认识事物，就可以竭尽人眼所看见的一切，那么即便是看不见的颜色也会彰显出来；竭尽人耳所听到的一切，那么听不见的声音也会显示出来；竭尽人的言语所表达的一切，那么无法用言语形容的意义也会明确起来。虽然知道客观世界有许多我们无法感知的事物存在，只要我们充分发挥耳目感官的作用，那么未被认识的东西就会被认识到。这就是儒家正学与异端邪说在认识论上的根本区别。

提要

船山从朴素唯物主义认识论出发，强调了世界是可知的。他认为事物的现象是可以认识的，世界上只有已被认识的现象和未被认识的现象，而没有根本不可能认识的现象。因为人的耳目感官的局限，有许多事物一时无法认识，但这不等于说这些事物是不存在的。人的认识是一个不断发展深化的过程，人的认识是由耳目直接感知再到心神观照，由感性认识再到理性认识，由认识事物的表象再到认识事物的本质及规律。总而言之，世界上没有不可认识的事物。

注释

1. 义：这里指意义、意思。

2.“知之为知之，不知为不知”：语出《论语》，是孔子教导学生子路的话，意思是懂得就是懂得，不懂就是不懂，这才是真正的智慧。船山借用孔子的话，是想说明世界是可知的，不可知是因为人没有认识到。

3.章：彰显，明显。后作“彰”。

4.著：明显，显示。

5.索：寻找，搜寻、探索。

6.圣学：孔孟正学。

7.异端：儒家称其他持不同见解的学派。泛指不合正统的学说。

夫天与之目力，必竭而后明焉；天与之耳力，必竭而后聪焉；天与之心思[1]，必竭而后睿[2]焉；天与之正气，必竭而后强[3]以贞[4]焉。可竭者天也，竭之者人也。人有可竭之成能[5]，故天之所死，犹将生之；天之所愚，犹将哲[6]之；天之所无，犹将有之；天之所乱，犹将治之。

出自《船山全书》第5册，第617页，《续春秋左氏传博议》卷下

大意

自然赋予人眼以视力，一定会竭力而为然后让眼睛看得更清楚；自然赋予人耳以听力，一定会竭力而为然后让耳朵听得更清晰；自然赋予人心以思考，一定会竭力而为然后让思维更聪慧明智；自然赋予人以正大浩然之气，一定会竭力而为然后让人强大有力、坚贞可为。可以尽力开发的感觉和认识功能，是自然给予的；主动竭力去开发的，

是人的主体自觉。人类有可以竭力而为的主观能动性，所以自然让它夭亡的东西，人还可以让它生存下去；自然中愚笨的存在，人还可以让它变聪明；自然中没有的东西，人还可以创造出来；自然造成的混乱，人还可以去治理它。

提要

人是天地之心，是自然万物中自觉有为的主体存在。人可以发挥主观能动性，去认识世界，改造世界。船山十分重视人的主体作用，他在不同的语义环境中有不同的言论，如他讲“人道持权”“自然者天地，主持者人”“可竭之成能”，本质上是一个意思——人认识世界和改造世界的主观能动性。人是通过发挥主观能动性，来有为于世界的。

注释

1. 心思：思考能力。
2. 睿：明智，通达。
3. 强：强盛，有力。
4. 贞：坚定不移；有节操。
5. 成能：主观能动性。
6. 哲：聪明，有才能。

有即事[1]以穷理[2]，无立理以限事。

出自《船山全书》第5册，第586页，《续春秋左氏传博议》卷下

大意

（认识事物）要从认识客观事物本身出发研究事物的发展规律，而非主观确立一个理论去限定事物的变化规律。

提要

从客观实际出发，重视认识的实践意义，是船山认识论的特色。他提出“即事穷理”，阐明了人要发挥认识的主观能动性，从客观事物本身去研究事物的规律，不可用脱离实际的理论去框定不断变化的事物，这与当下的“实事求是”有异曲同工之妙。一切从实际出发，让实践检验认识的真伪，船山把传统的认识论推向一个历史新高峰。

注释

1. 即事：接触认识客观事物。即，接近，接触。
2. 穷理：深究事物的道理、规律。

密翁[1]与其公子为质测[2]之学，诚学思兼致之实功[3]。盖格物[4]者，即物以穷理[5]，惟质测为得之。

出自《船山全书》第12册，第637页，《搔首问》

大意

方以智与他的儿子主张重实际的实证学问，这是学习与思考的真正意义所在，其注重的是为学的实际功用。深入地认知事物，就是从具体事物出发去探究事物发展变化的道理（规律），这只有实证科学能做到。

提要

船山哲学的突破，在一定程度上受到了当时“西学”的影响。其中，方以智的“质测之学”对船山的影响颇大。船山效力永历政权时，曾在桂林与方以智交往甚密，方是当时鼓吹中西文化交流的代表，其尤推崇西学质测之学。他受方以智质测之学影响，试图把以研究自然事物的“质测之学”来诠释传统的“格物”理论，用实证科学的方法论改造中国传统哲学。他借用“质测之学”对传统的“即事穷理”这一命题作了很大改造，认为以朱熹为代表的宋儒虽然也讲格物致知，即物穷理，但他们是字面上“格物”，实际上是“立一理以穷物”“立理以限事”，是以纲常名教的“天理”作为唯一的认识对象，脱离客观实际，脱离了“质测”，这绝不是“格物”，而是格心。船山推崇“质测之学”，是“实学”对理学的一大突破，也是中国早期启蒙先声的理论“破暗”。

注释

1. 密翁：方以智（1611—1671），字密之，号曼公。桐城（今属安徽）人。明清之际思想家、科学家，倡导中西文化交流的早期代表。通晓中国传统自然科学和当时传入中国的西学，对经学、史学、文学、天文、医学等都有研究，特别重视“质测之学”（实验科学），主张“以实事证实理”，融合中西方文化。著有《物理小识》《东西均》等。南明时，方以智与王船山在桂林有过一段情谊深切的交往，方推崇的“质测之学”影响船山为学。王船山视其为一生知己。
2. 质测：方以智用语。观察和研究事物变化及其趋势的学问，意指科学。
3. 实功：以实际为目标，实践为功用。
4. 格物：推究事物的道理。《礼记·大学》提出“格物穷理”，宋明理学讲“格物致知”，把“格物”看作修身的基本功。船山所言“格物”与理学所讲“格物”有很大区别，指从具体事物出发或从实际出发。
5. 即物以穷理：与即事穷理相同，从具体事物出发，去探究事物发展变化的规律。

夫人之所以异于禽兽者，以其知觉之有渐，寂然不动，待感[1]而通也。若禽之初出于㲉[2]，兽之初坠于胎，其啄龁[3]之能，趋避之智，啁啾[4]求母，呴噳[5]相呼，及其长而无以过[6]。使有人焉，生而能言，则亦智侔[7]雏麑[8]，而为不祥之尤[9]矣。是何也？禽兽有天明[10]而无己明[11]，去天[12]近，而其明较现。人则有天道（命）而抑有人道（性），去天道远，而人道始持权[13]也。

出自《船山全书》第6册，第850页，《读四书大全说》卷七

大意

人之所以区别于动物，是因为人的感知是逐渐发展的，（人认识自然开始时）通常处于静默的状态，直到感官与

外界接触相通。好像刚出壳待母喂食的小鸟，或刚出母胎呱呱落地的走兽，它们有天生吃食的本能，有躲避灾害的“智慧”，鸣叫着求母鸟保护，相互呼应，等它们长大了，本能还是跟从前一样。假使有这样的人，生下来就能说话，但智慧却等同小鹿，这是极不祥的预兆。这是什么原因呢？有自然本能却没有自我意识，动物离自然近，所以自然本能容易呈现。人不但有自然法则的规定，而且还有人类法则的约束；人距离自然已远，所以人类法则在于掌握认识自然和改造自然的主动权。

提要

人与动物的本质区别，在于人类掌握了认识世界和改造世界的主动权。人与动物都是自然的产物。在船山看来，动物的本质是由自然赋予的，并由自然决定，始终不会超越自然的范围。人虽是“天道”生人，但人的本质是人文进化的结果，是由“人道”社会决定的。“人道持权”是人类主体有为的基本特征，船山主张要充分发挥人认识世界和改造世界的主体能动性，去实现“天道”自然和“人道”社会的有机协调统一。

注释

1. 待感：等待感知。
2. 縠（kòu）：初生的小鸟。

3. 龁（hé）：咬。

4. 啁啾（zhōu jiū）：象声词，鸟鸣声。

5. 呴噳（xǔ yǔ）：动物呼吸声。

6. 无以过：没有超过。

7. 侔（móu）：相等，等同。

8. 麑：小鹿，幼鹿。

9. 尤：优异，突出。

10. 天明：自然本能。

11. 己明：自我意识。

12. 天：这里指自然。

13. 持权：掌握认识自然、改造自然的主动权。持，握，掌握。权，这里指人认识和改造世界的主动权。

车薪[1]之火，一烈[2]已尽，而为焰，为烟，为烬，木者仍归木，水者仍归水，土者仍归土，特希微而人不见尔。……故曰往来，曰屈伸，曰聚散，曰幽明，而不曰生灭[3]。生灭者，释氏[4]之陋说[5]也。

出自《船山全书》第12册，第21—22页，《张子正蒙注》卷一

大意

燃烧一车木柴，一次可以烧完。在燃烧过程中木柴化成了火焰，之后化成了烟雾，最后化成了灰烬，看似木柴烧没了，但构成木柴的基本元素，木仍旧归之于木的本始状态，水仍旧归之于水的本始状态，土仍旧归之于土的本始状态，只是它们形质太微小，人的肉眼看不见而已……所以我们只能说构成事物的物质之气，有往来的变化，有屈伸的变化，有聚散的变化，有幽明的变化，但不能说这些物质产生或消亡了。“生灭论”只是佛教浅陋的说法。

提要

物质不灭的原理，在近代得到了西方科学的验证。其实早在三百多年前，船山就予以了哲学论证。这是他的一个哲学卓见。在船山哲学中，“气”是构成天地万物的最根本的物质元素。他认为天地万物都是自然气化的产物，气聚则形成各种有形可见的事物，气散则事物复归于其原初的物质状态，重新回到天地气化流行之中。作为最基本的物质元素——气，在构成天地万物时，其形会有成毁、有聚散的各种变化，但作为其物质本源的气是没有生灭的，也就是说万事万物的物质本体是不灭的。他以木柴燃烧为例来证明物理意义上的物质不灭，进而又以物理意义上的物质不灭来证明哲学意义上的物质本体不灭，最后确证世界的物质统一性。

注释

1. 薪：柴火。车薪，一车柴火。
2. 烈：猛烈燃烧。
3. 生灭：产生和消亡。
4. 释氏：佛教、佛学。
5. 陋说：浅陋、粗陋之说。

气[1]者，理[2]之依也。气盛[3]则理达。天积其健盛之气，故秩叙条理[4]，精密变化而日新。

出自《船山全书》第12册，第419页，《思问录·内篇》

大意

物质本体之气是万物变化规律所依存的根本。气化运动旺盛其变化规律便显达。宇宙自然容积着刚健旺盛的气化运动，所以天地有了秩序，万物各就其位，万物变化各循其理，天地万物在精巧而细密的变化之中，每天都有一种新的面貌。

提要

船山反对朱熹“理先气后”的说法，认为理与气是同时存在的。在理气关系上，气是第一性的，理是气之理，他是以世界的物质统一性来论证理气关系的。理是万物的规律、道理，世界运动的秩序、规则；气是事物和世界运动的物质本体。理必然依存于“气”这个物质本体，世界上没有孤立于物质世界之外的“天理”。船山坚决反对一切脱离物质世界和现实生活的所谓“天理”。船山宇宙论和本体论的深刻之处，在于他认识到运动、变化是气的本质特征，气变，理也变，秩序、法则随之变。世界不是永恒不变的世界，万物不是永恒不变的万物，世界在变化日新，万物在变化日新，“理”也在变化日新。社会发展，人类进步，一切都在变化日新之中。

注释

1. 气：指构成世界万物的基本物质或能量。
2. 理：规律、道理，这里指变化规则。
3. 气盛：“气”充盈或旺盛。
4. 秩叙条理：事物存在各有其位，事物变化遵循其理。叙，同“序”。

以天治人而智者不忧，以人造天[1]而仁者能爱，而后为功[2]于天地之事毕矣。

出自《船山全书》第 1 册，第 1019 页，《周易外传》卷五

大意

顺应客观规律去治理人类社会，有智慧的人就不用担忧；发挥人的主观能动性去改造自然，仁爱天下之人就可以亲和天下；这样去做，顺应自然和改造自然的功效都会实现。

提要

以人造天，是船山主动哲学中最精彩的思想之一。船山重视人在宇宙世界中的主体地位，并将人的主体创造性提升至一个新的水平。他认为人对自然世界的认识和把握有两种方式，即“以天治人”和“以人造天”。“以天治人”是遵循客观规律而为人道之事；“以人造天”是发挥人的能动性去改造自然。两者都是人道，只不过前者重在顺应自然规律，

后者重在人的主体作用。其实，人道有为于天道，二者要协调统一，既要遵循客观规律办事，又要发挥人道主体作用，既不违背、破坏自然客观规律，又充分发挥人的主观能动作用，改造自然、为人类社会发展服务，这就是船山认为“以天治人”“以人造天”的人道与天道的协调统一。

注释

1. 造天：改造和创造自然。
2. 为功：成就功业。

历史

王夫之《宋论》遗稿（局部） 湖南博物院 藏

道[1]莫盛于趋时[2]。

出自《船山全书》第12册，第416页，《思问录·内篇》

大意

国家治理原则最重要的是紧随时代发展大势，应时而变。

提要

道随时变，趋时更新，是船山对历史发展规律的深刻认识。治道，是国家治理原则，是历史发展规律的具体体现，也是道的一种。他反对“天不变，道亦不变”，力主道随时变。天下没有不变之道，更没有永恒的治道原则。治道要体现历史发展大势，要随时代发展而变化。

注释

1. 道：道理，规律、原则。这里指治道，国家治理原则。
2. 趋时：紧随时代，应时而变。

世[1]益[2]降[3]，物益备[4]。

出自《船山全书》第10册，第697页，《读通鉴论》卷十九

大意

社会历史越向前发展，物质财富会越丰富。

提要

船山在历史观上极力主张进化史观，反对历史倒退论。社会向前发展，物质文明就会越丰富，人类社会就是在不断的历史发展中，不断取得物质文明进步的。

注释

1. 世：这里指社会、时代。
2. 益：逐渐之意。
3. 降：这里指历史向前发展。
4. 备：完备、丰富。

趋时应变者惟其富有[1]，是以[2]可日新而不困[3]。

出自《船山全书》第12册，第276页，《张子正蒙注》卷七

大意

能够紧随时代变化而变化，是因为其内在的丰富和深厚，因此每天更新自我跟随时代前进就不会陷入困境。

提要

趋时更新，日新富有是“道”的本质。道既是自然天道，又是社会人道。无论天道还是人道，船山注重的是变化之道。他反复强调人要遵道而行，趋时而变，与时代同行。与时同行的正确态度是，不断研究时代发展的新情况、新问题，让自己的思想跟上时代变化的趋势，让自己的行动紧跟时代变化的节奏。这样社会人生就会变得底蕴深厚，物质文明和精神文明更加丰富多彩。

注释

1. 富有：指内在丰富而深厚，能应对各种变化。
2. 是以：连词，因此，所以。
3. 困：困顿。

事随势迁，而法[1]必变。……汉以后之天下，以汉以后之法治之。

出自《船山全书》第10册，第191页，《读通鉴论》卷五

大意

事物发展要跟随趋势变化，而治理国家的法令制度一定要随之发生变化。……汉朝以后的国家，要以汉朝以后的法令制度去治理。

提要

船山提出治国理政，“一代之治，各因其时”（《读通鉴论》卷二十一），一个时代的国家治理，需要它那个时代的法令制度，时异则势异，势异则事异，法随时变，因时变法。

注释

1. 法：法令、制度。

洪荒[1]无揖让[2]之道，唐、虞[3]无吊伐[4]之道，汉、唐无今日之道，则今日无他年之道者多矣。

出自《船山全书》第1册，第1028页，《周易外传》卷五

大意

远古野蛮时代没有文明礼让的治国之道，尧舜时代没有吊民伐罪的治国之道，汉代、唐代没有当今时代的治国之道，当今时代没有未来社会的治国之道。

提要

船山历史观认为：道因时而殊，道因时而变。没有永恒不变的治国之道。人类文明进步，社会创新发展，是船山认识宇宙世界、历史发展的基本结论。历史在进步，社会在发展，其治道也不是永恒不变的，尧舜之道只能治理尧舜的天下，汉唐之道只能治理汉唐天下，当今之道也只能治理当今的天下，世界上从来没有什么“天不变，道亦不变”的治道原则。治道依存于人类的具体历史实践，历史变化了，社会发展了，

其治道原则也要发生相应变化，道因时而变是社会进步的必然之理。

注释

1. 洪荒：这里指远古时代。

2. 揖让：拱手行礼，作揖谦让，引申为文明礼让。

3. 唐、虞：指尧舜。古史言陶唐氏（尧）与有虞氏（舜），皆以揖让有天下。喻指唐虞时代的太平盛世。

4. 吊伐：吊民伐罪。慰问受害的百姓，讨伐有罪的人。

以古之制[1]，治古之天下，而未可概[2]之今日者，君子不以立事[3]；以今之宜[4]，治今之天下，而非可必之后日者，君子不以垂法[5]。

出自《船山全书》第10册，第1180页，《读通鉴论》卷末

大意

古代的法令制度，只适合于治理古代的社会，而不可以一概照旧适用于今天；有识者就不会依照古代法令制度来行政办事。今天适用的法令制度只能治理现今的社会，而不是一定要适用于将来的社会，有识者不会把它当作不变的教条沿用于后世。

提要

船山的历史观闪烁着鲜明的进化史观的特色。他主张历史发展、社会进步和国家治理要与时偕行、趋时更新、法随时变。他认为古代制度是治理古代社会的，历史发展了，不

能一切照搬到今天来用；而适用现今社会的制度，同理也不一定适用于未来社会发展的需要。历史发展中的“治道”，一定是“因时”而变，趋时更新，没有什么永恒不变的治国原则。

注释

1. 古之制：古代的法令制度。
2. 概：平，准。这里指适合之意。
3. 立事：办事、行事。
4. 今之宜：今天适用的法令制度。
5. 垂法：让法令制度沿用下去。

所贵[1]乎史者，述往以为来者师也。为史者，记载徒繁[2]，而经世之大略[3]不著[4]，后人欲得其得失之枢机[5]以效法之无由也，则恶[6]用史为？

出自《船山全书》第10册，第225页，《读通鉴论》卷六

大意

研究历史最重要的是，记述历史史实用作未来的借鉴。撰写历史的人，虽然记载的史实十分繁琐，但治国理政的基本原则却没有显示，后世学者想通过读史获得历史发展的是非得失的关键原因，以此效法前人，但却没有找到推本得失之缘由。这怎么能以史鉴今呢？

提要

以史鉴今，古为今用，以资实践，是船山治史的基本原则。船山认为，史学不能成为“记载徒繁”的编纂之学，而应成为人们历史实践可资借鉴的镜子。所以他主张治史，要总结

历史经验，明历史发展得失之枢机，通经世之大略，以收“述往以为来者师”之效，以史为鉴，并不是师古人之陈迹，而是取历史发展之精义，如国家兴衰之道、民生利病之理。以史为鉴，资治实践，是船山史学的根本要义。

注释

1. 贵：重要，有价值。
2. 繁：繁琐、繁杂。
3. 经世之大略：治国理政的基本原则。
4. 不著：没有显现。著，显现。
5. 枢机：枢与机皆为主制动的机械部件。比喻事物的关键。
6. 恶（wū）：疑问代词，怎么。

以心[1]驭政，则凡政皆可以宜[2]民，莫匪治之资；而善取资[3]者，变通[4]以成乎可久。设身于古之时势，为己之所躬逢[5]；研虑[6]于古之谋为[7]，为己之所身任[8]。取古人宗社[9]之安危，代为之忧患，而己之去危以即安者在矣；取古昔民情之利病[10]，代为之斟酌，而今之兴利以除害者在矣。得可资，失亦可资也；同可资，异亦可资也。

出自《船山全书》第10册，第1182页，《读通鉴论》卷末

大意

用身任天下之心驾驭国家政事，那么凡是国家政事都应该适宜人民生活，这就是治国的凭借。善于取得历史借鉴的，根据事物变化可以成就长久的事业。假设自己身处古代的时

代环境，亲身遭遇时事变迁；研究思考古人的谋划与作为，身体力行担当重任。吸取前人家国兴亡的经验教训，代替他们忧虑担心国家的命运，那么自身免除危亡到达安定兴盛的得失经验就有了。借鉴历史上民心所向的利益与祸害，代替他们反复权衡损益决定取舍，那么今天兴盛国家的利益、免除其害处的得失经验就有了。获得的经验可以借鉴，错失的教训也可以参考；相同的历史形势可以借鉴，不同的历史趋势也可以参考。

提要

船山史学研究，有着十分鲜明的经世致用的特点。

船山深刻认识到，人类历史发展是有其规律的，中国社会历史也是有其发展规律的。把握历史发展规律，推究得失之原，探寻兴亡之道，以为今人“求治之资”，是他治史的目的。他认为一个国家，一个王朝，治有治之理，乱有乱之理；兴有兴之道，亡有亡之道。探寻历史兴亡之道，研究社会治乱之理，不能局限在编纂之学、记诵之学，不能脱离历史运动的实际，要以自我的历史存在，以“力行”方式深入历史运动的具体过程中，取法古人之得失，取法古代社会之兴衰，以史为师，以史为鉴。船山以史为师，不是师古人之陈迹，而是明古人之得失。古人的得失，古代社会的兴衰，就是今人、今天社会的一面镜子，借助历史这面镜子，看清历史发展的真相，把握历史发展规律，大义担当，参与历史变革，以利“今之兴利以除害”，实现“变通以成乎可久”的中国强盛之道。

注释

1. 心：这里指担当历史使命的责任心。
2. 宜：合适，适宜。
3. 资：凭借，借鉴。
4. 变通：事物因变化而通达。
5. 躬逢：亲身遭遇。躬，身体，自身。
6. 研虑：研究思考。
7. 谋为：谋划与作为。
8. 身任：亲身担当。
9. 宗社：宗庙和社稷。这里代指国家。
10. 利病：利害，利益与祸害。病，这里指损害、祸害。

公其心，去其危，尽中区[1]之智力，治轩辕[2]之天下，族类[3]强植[4]，仁勇[5]竞命[6]，虽历百世[7]而弱丧之祸[8]消也。

出自《船山全书》第12册，第527页，《黄书》

大意

端正人心，去除危害，竭力集合国家的智慧，治理好黄帝传承下来的文明社会，华夏民族自强自立，仁义之师奋勇效命，虽然还要经历长久的岁月，但积贫积弱的现象一定会消失！

提要

船山是一位有着强烈使命意识和担当精神的伟大思想家。民族自信、民族自强的信念贯穿他的思想。这句话强调的就是用中国人的智慧去治理中国的天下，中国的强盛在于民族的自立自强。只有民族自强，才能走向中华民族伟大复兴！

注释

1. 中区：泛指中国。

2. 轩辕：即黄帝。

3. 族类：这里指华夏民族。

4. 强植：刚强正直。植，通“直”，正直。

5. 仁勇：意指仁义之师。仁，仁德；勇，勇敢。

6. 竞命：争相效命。

7. 百世：指长久。

8. 弱丧之祸：贫弱带来的亡国祸害。

是故中国财足自亿[1]也，兵足自强[2]也，智足自名[3]也。不以一人疑天下，不以天下私一人，休养[4]厉精[5]、士佻[6]粟积[7]，取威万方[8]，濯秦愚[9]，刷宋耻[10]，此以保延千祀[11]，博衣弁带[12]、仁育义植[13]之士甿[14]，足以固其族而无忧矣。

出自《船山全书》第12册，第519页，《黄书》

大意

因此中国，财富足够自给自足，军队足够自卫自强，文化足够自信盛名天下。不能因为一己私利去怀疑天下人，也不能把天下人的利益当作个人私产。休养民生，奋发精神，振作士风，广积粮食，威震天下。洗尽秦王朝暴政天下的愚昧，雪耻宋王朝亡于异族颠覆的耻辱，吸取历史教训，保佑延续江山千秋万代。让人们穿戴象征文明的衣冠服饰，用仁义道德文化培育人民大众，这样做完全可以自强自固我中华民族，没有后顾之忧！

提要

这段话出自《黄书》，也是《黄书》主旨所系。《黄书》是船山政治哲学的代表作，也是他民族大义的宣言书。从其早年《黄书》到晚年《读通鉴论》，“大义至上”是贯穿其一生奋斗和著述的思想主题。从《黄书》伊始，他用“大义至上”提纲了他一生的奋斗方向和为学主旨——复兴民族、自强中国！

船山以《黄书》之名阐发了他立志弘扬黄帝文明的宏愿。这段话突显了他自强中国、复兴民族的爱国主义思想和情怀。在他看来，黄帝开创了华夏文明，定调了文明走向。中国之所以伟大，伟大在民族的文明发展上。文明发展是中国的本质。文明发展根本在自强中国、自固民族。

自强中国是民族复兴必由之路，自强中国，要从经济上自强，要从军事上自强，更要从文化上自强。经济上强国、军事上强国，是民族复兴、振兴华夏的物质保证，而文化上强国却是民族复兴的精神支撑。早在三百多年前，船山就独具历史慧眼，意识到了民族复兴与自强中国的历史关联。这是他的历史担当，也是他的大义情怀！

船山在审视中国历史时，有一个独到见解，他认为中国的王朝历史代兴代废，没有哪个王朝可以永固天下；但中国的文明历史却生生不息，五千年从未中断。文化中国贯穿历史，是中国永固于天下的根本所在。文化是中国的根，也是中国的魂。所以他以《黄书》之名写下民族复兴的政治宣言，明示天下：自强中国、复兴民族是中国永固天下的根本出路！正是《黄书》所昭示的自强中国、复兴中华的民族爱国主义，成为近代中国民族复兴的启蒙先声。

注释

1. 财足自亿：财富充实足以自给。
2. 兵足自强：军队强大足以自卫。
3. 智足自名：文化强盛，得到天下的认可与赞誉。智，智慧。这里指文化。名，名称，名声。这里用作动词，称名天下。
4. 休养：休养生息，让民生和经济发展。
5. 厉精：振奋精神。厉，激励。
6. 士佻（yáo）：这里意谓士人振作。士，古代本义指男子，商周时指最低级贵族，后为官吏的通称，也泛指读书人。佻，轻疾，不沉重。引申为“振奋、振作”。
7. 粟积：囤积粮食。粟，谷子，这里泛指粮食。
8. 万方：泛指天下四方。
9. 濯秦愚：洗除秦朝的愚昧。濯，洗。
10. 刷宋耻：洗雪宋朝的耻辱。刷，用刷子除垢，引申为洗雪耻辱。
11. 千祀：千年。祀，年。
12. 博衣弁（biàn）带：古代华夏民族的衣冠服饰，象征文明衣着。弁，古代贵族的一种帽子。
13. 仁育义植：指以儒家仁义为价值取向的道德文化教育。
14. 士氓（méng）：泛指人民。氓，普通百姓。

故吾所知者，中国之天下，轩辕以前，其犹夷狄[1]乎！太昊[2]以上，其犹禽兽乎！禽兽不能全其质[3]，夷狄不能备其文[4]。……所谓饥则呴呴[5]，饱则弃余者，亦植立之兽[6]而已矣。

出自《船山全书》第12册，第467页，《思问录·外篇》

大意

据我所了解，关于中国的历史，在黄帝以前，人的生存状态就像未开发的野蛮民族一样！在伏羲以前，人的生存状态就像野兽一样！野兽不可能保全人的素质，野蛮民族不可能具备人的文明。……人们所说的那些饿了只会吼叫、吃饱了就抛弃剩余食物的“人”，不过是站立起来的野兽罢了！

提要

船山认为人类的祖先是从动物进化而来的，他认为人类远古的祖先是“植（直）立之兽”，这在中国历史上是一大卓识。人类的发展史，本质上是文明进化史，人类文明又是一个由低级文明不断向高级文明发展的过程，人类的文明进化发展历经了禽兽（植立之兽）至夷狄（野蛮人）再至文明人三大阶段。远古的人类处在禽兽一样的原始生存阶段，他们虽然能像人一样站立行走，但没有完全具备人类文明的基质；黄帝之前的人类还处在夷狄一样野蛮生存阶段，他们虽然脱离了动物生存状态，但却还没有自觉的文明追求。只有中国社会进入了一个文明自觉的时代。船山的历史观从根本上讲是文明史观，文明至上，文明发展是社会发展的根本方向。

注释

1. 夷狄：古代泛指中国东方各族为“夷”，北方各族为“狄”，因用以泛指异族人。
2. 太昊：传说中远古东夷族首领。风姓。居于陈。传曾以龙为官名。春秋时任、宿、须句、颛臾等国（都在济水流域），即其后代。一说即伏羲氏。
3. 质：指人的自然素质。
4. 文：指文化。
5. 呴（hǒu）呴：“呴”通“吼”，吼叫。
6. 植立之兽：“植”通“直”，指直立的野兽。

天成性[1]也，文[2]昭[3]质[4]也，来牟[5]率育[6]而大文[7]发焉，后稷[8]之所以为文，而文相天[9]矣。

出自《船山全书》第 3 册，第 492 页，《诗广传》卷五

大意

自然形成人的本性，文化显示人的本质。（人类）通过种植小麦等农耕活动推动文明大发展。五谷之神后稷之所以被誉为人文始祖，是因为人文与自然相辅相成。

提要

船山的文明史观在中国传统历史观中独树一帜。

船山认为人类是从动物进化而来的，人的祖先是“直立之兽”；人脱离动物的自然状态而成为文明人，本质是文化。人类社会文明发展，农耕文明是一大标志。在他的文明史观中，人的本性是自然形成的，但人的本质是文化塑造的。人与动物的本质区别在文化。同理，人类进入文明社会，“人文化成”起到决定性作用。他指出，以五谷耕种为代表的农

耕文明的出现，是中国迈入文明社会的一大文明标志（大文发焉）。后稷是传说中的谷神，他发现了谷物耕种，这是文明壮举。用人文改造自然，是人类文明进步的根本动力。

注释

1. 性：指人的自然本性。
2. 文：指文化。
3. 昭：明亮，明显。引申为显示。
4. 质：人的本质。
5. 来牟：古时大小麦的统称。
6. 率育：种植养育。
7. 大文：指文明发达。
8. 后稷：周的先祖，尧舜时的农官。后世祀为谷神。
9. 相天：与天相辅相成。相，扶助，辅佐。

古者诸侯世国[1]，而后大夫[2]缘[3]之以世官[4]，势所必滥[5]也。士[6]之子恒[7]为士，农之子恒为农，而天之生才[8]也无择，则士有顽[9]而农有秀[10]；秀不能终屈[11]于顽，而相乘[12]以兴[13]，又势所必激[14]也。

出自《船山全书》第10册，第67—68页，《读通鉴论》卷一

大意

古代社会，诸侯世代相袭为国君，后来的大夫也依照这种做法世袭官位，（这样下去）势必造成无才之人也可做官的混乱局面。做官的子孙永远做官，务农的子孙永远务农。然而天生有才华的人是无法选择的。做官的人中也有愚顽者，务农的人中也有优秀者，优秀的人不可能永远屈居在愚顽者之下，（如果任世袭制发展下去）就会发生相互倾轧而只顾自己兴盛的形势，任形势这样发展下去又

必然导致双方斗争的激化（酿成乱政亡国之祸）。

提要

船山反对私天下，否定官位世袭，认为官位世袭是“私天下”的祸根。他主张“循天下之公”，让天下成为天下人的天下，那就要在国家治理上，人尽其才，人才兴国，任人唯贤，唯才是举，让优秀人才脱颖而出，让有才干的人管理国家。

注释

1. 世国：世袭所封之国。

2. 大夫：古代在国君之下有卿、大夫、士三级，大夫为一般任官职者之称。秦、汉以后，中央要职有御史大夫，备顾问者有谏大夫、中大夫、光禄大夫等，至唐、宋尚存御史大夫及谏议大夫，明、清皆废。

3. 缘：遵循，依照。

4. 世官：世袭官职。

5. 势必所滥：意指由于官职世袭，形势发展必然造成任人唯亲、用人不当的混乱局面。

6. 士：商周时最低级的贵族。此处指各级官吏。

7. 恒：长久、永远。

8. 才：人才，有才能的人。

9. 顽：顽劣、愚蠢。

10. 秀：优秀，聪明。

11. 屈：委屈，屈从。

12. 相乘（chéng）：相互欺压。

13. 兴：兴盛。

14. 势所必激：形势发展必然导致斗争激化。

若夫[1]国祚[2]之不长，为一姓[3]言也，非公义[4]也。秦[5]之所以获罪[6]于万世[7]者，私己[8]而已矣。斥秦之私[9]，而欲私其子孙以长存[10]，又岂天下之大公[11]哉！

出自《船山全书》第10册，第68页，《读通鉴论》卷一

大意

假如国家的命运不长久，这是从帝王一家一姓来说的，并非从历史发展的公理上来看的。秦始皇之所以有罪于后世，就在于他把天下据为私有罢了。但是，那些责骂秦始皇私己的人，却又想尽法子让自己的子孙永远私有天下，这又难道说是天下最大的公理吗？

提要

政治观上，船山主张天下为公，反对天下为私，代表他那个时代的启蒙先声。他在《读通鉴论》卷一中，以秦始皇

为例，既肯定秦始皇统一中国、推行封建郡县制的势之必然的历史功绩，又指出秦始皇开启“一姓私天下”的历史之过，并深刻揭示中国封建社会历史的本质在于“以天下为己私”。历代王朝都是“私己”天下，所以国运都不长久，国运长久的根本在于“循天下之公”。“循天下之公”，在于民生高于一切，在于民族大义高于一切。

注释

1. 若夫：句首语气助词。
2. 国祚（zuò）：国运。
3. 一姓：皇帝一家姓。
4. 公义：社会公认的道义原则。
5. 秦：秦始皇。
6. 获罪：有罪，得罪。
7. 万世：意为后世。
8. 私己：把天下据为一姓私有。
9. 斥秦之私：斥骂秦始皇“私天下”。
10. 私其子孙以长存：让自己的子孙永远私有天下。
11. 天下之大公：天下最大的公理。喻指最公正公平的社会。

有一人之正义[1]，有一时之大义[2]，有古今之通义[3]；轻重之衡[4]，公私之辨，三者不可不察[5]。以一人之义，视一时之大义，而一人之义私矣；以一时之义，视古今之通义，而一时之义私矣；公者重，私者轻矣，权衡之所自定也。三者有时而合，……有时而不能交全也，则不可以一时废千古，不可以一人废[6]天下。

出自《船山全书》第10册，第535页，《读通鉴论》卷十四

大意

历史上有忠于君主个人的道义原则，有一个时代天下人共同尊奉君主的道义原则，还有贯穿古今历史关于民族、国家兴亡的道义原则。衡量这些原则的重要性时，它们的分量有轻有重，辨别它们的关系，则涉及的利益有公有私。

对这三种道义原则，我们不能不明辨清楚。若用忠于君主个人的道义，去对比天下人共同尊奉君主的道义，那忠于君主个人的道义就是自私的。用天下共同尊奉君主的道义，去对比关乎民族、国家兴亡的道义，那天下共同尊奉君主的道义也是私己的。代表天下公共利益的道义地位是重的，代表一己私利的道义地位是轻的，应明确公私轻重的区别，确定好各自的价值标准。在一定历史条件下，这三种道义原则有的时候可以统一相合，有的时候会发生冲突不能相合。当它们发生尖锐矛盾时，就不能以一时的君臣道义原则代替关乎民族兴亡的千古道义原则，也不能用个人私利代替关乎天下兴亡的根本道义原则。

提要

船山的“三义说”是中国历史哲学中极具理论贡献的创见。他对传统之“义”予以时代新解，并对此作出了前无古人的系统阐述。以民族整体利益作为义的最高标准，民族利益至高无上，是其学说的核心价值所在，也是其爱国主义的根本价值所在。船山在分析历史中，把“义”分为三个层次，即忠于君主个人的“一人之正义”，天下人共同尊奉君主的“一时之大义”，忠于民族的“古今之通义”。在封建社会，臣忠君，天下人共同尊奉君主，都是基本的道义要求，所以是“正义”“大义”；但是它们讲的都是君臣之义，是对一姓君王、一姓王朝的忠诚，所以这种忠诚是“一姓之私”的忠诚，在历史上是私的，是轻的；唯有民族兴亡是贯穿中国整个历史的最高道义原则，它才是历史之公，历史之重。考察中国历史，“一人之正义”“一时之大义”与“古今之通义”，有时是统一相合的，有时是冲突矛盾的。当三者发生矛盾冲突时，无论是“一人之正义”，还是“一时之大义”，都必须服从“古今之通义”，也就是说君臣关系要服从民族大义，民族利益高于王朝和君王利益。在中国历史哲学中，船山首次从理论上严格区分和划清了君主个人利益和国家、民族整体利益，一姓之私和天下之公的关系，强调了国家、民族利益高于君臣之义，主张国家、民族利益高于一切。船山提出的“三义说”是对传统“三纲”原则的历史超越，其中的民族大义至高无上，民族利益高于一切的思想至今仍有很强的现实意义。他的“三义说”聚焦的是民族至上的爱国主义精神。这种爱国主义体现了中华优秀传统文化的核心价值。我们要传承和弘扬爱国主义精神，为全面推进中华民族伟大复兴凝聚力量。

注释

1. 一人之正义：是指古代臣子对君主之忠，是忠于君主个人之义。义，正义，公正合宜的道德、行为或道理，此处的义，是讲君臣关系的道义原则和政治标准。

2. 一时之大义：指一个朝代天下人共同尊奉君主，是关于一个时代的道义原则。

3. 古今之通义：指关于国家兴亡、民族兴亡的道义原则，这是贯穿中国古今历史的根本道义。

4. 衡：秤杆，秤。这里指衡量、比较。

5. 察：观察，仔细看，明辨。

6. 废：废除，废弃。这里有替代的意思。

谋国[1]而贻[2]天下之大患，斯为天下之罪人，而有差等[3]焉。祸在一时之天下，则一时之罪人，卢杞[4]是也；祸及一代，则一代之罪人，李林甫[5]是也；祸及万世，则万世之罪人，自生民[6]以来，唯桑维翰[7]当之。

出自《船山全书》第10册，第1131页，《读通鉴论》卷二十九

大意

治理国家而给中国留下大祸害的，就成为中国历史的罪人。但这些罪人造成的祸害，还是有所区别的。祸害影响一个时期的，那就成了一时的罪人，像卢杞就是这样的人。祸害影响到一个王朝的，那就成了一代的罪人，像李林甫就是这样的人。祸害影响到万世的，那就成了万世的罪人。自从有了人类以来，只有桑维翰是罪魁祸首。

提要

这是船山相对于“三义说”而提出的“三罪说”。他的“三义说”，把民族利益、民生利益放在至高无上的地位，从理论上把民族爱国主义提升至一个从未有过的思想高度。从维护国家和民族利益出发，他又提出“三罪说”，把那些为一己私利、破坏国家安定、分裂国家、卖国求荣者钉在历史耻辱柱上，尤其是怒斥分裂国家、投降卖国、出卖民族利益者，是世代不可饶恕的历史罪人。以此警示国人：任何时候，中国的国家利益和民族的整体利益都是至高无上、神圣不可侵犯的！

注释

1. 谋国：治理国家。
2. 贻：遗留。
3. 差等：差别，程度不同。
4. 卢杞：唐滑州灵昌（今河南滑县西南）人，字子良。建中初，由御史中丞迁宰相，忌能妒贤，陷害杨炎、颜真卿，排斥宰相张镒等。田悦、李惟岳等藩镇叛乱，他以筹军资为名，搜刮财货，又征收间架、除陌等税，民间怨声载道，长安为之罢市。建中四年（783），泾原兵变，京师失守。朔方节度使李怀光屡上疏斥其罪恶，因被贬死于澧州。
5. 李林甫：唐大臣。宗室。小字哥奴。因厚结武惠妃和宦官，僭知帝意，故奏对称旨。开元二十二年(734)任礼部尚书、同中书门下三品，封晋国公。为相十九年，权势甚盛。杜绝言路，任用小人，屡起大狱，流贬大臣数百家。又重用番将，使外掌重兵，酿成“安史之乱”。然明于吏事，动循格令，颁《长行旨符》，规范财政收支。
6. 生民：指人类。
7. 桑维翰：五代时洛阳（今属河南）人，字国侨。后唐同光进士。初为石敬瑭掌书记，助其称帝，并赴契丹乞援，割让幽云十六州。入后晋，任集贤殿大学士、枢密院使等，事无大小一决之。乃广受赂遗，积财巨万。开运三年冬(947年初)契丹军入汴前夕，为叛将张彦泽所杀，契丹主厚恤其家。

人不自畛[1]以绝[2]物，则天维[3]裂[4]矣。华夏不自畛以绝夷，则地维裂矣。天地制人以畛，人不能自畛以绝其党，则人维裂矣。是故三维者，三极[5]之大司[6]也。

出自《船山全书》第12册，第501页，《黄书》

大意

人类如果不能自我划定界限以区别于自然万物，那么上天的纲纪就破坏了。华夏民族如果不能自我划定界限以区别于异族，那么社会的纲纪就破坏了。天地为人类制定相互区分的界限，人如果不能自我划定界限以区别结党营私的小人，那么人伦纲纪也就破坏了。所以说，这三大纲纪界限，是天、地、人三极的根本。

提要

“三维说”是船山对传统夷夏观的一个独特认识。其中不免带有夷夏之辨的历史偏见，但也突显了人类主体和族类生存的至上价值。船山认为天、地、人是宇宙世界的“三极”。天、地、人之间各有其相对稳定的秩序关系，它们是维系自然世界和人类社会秩序的根本法则，是不可逾越的。船山首创“三维说”，并把“三维”提升至从未有过的哲学和伦理高度，其良苦用心就在于明确人类的主体地位和华夏民族利益的至高无上性。他以“天维”明确人类文明的至上价值，用“地维”明确华夏民族的至上价值，用“人维”明确君子人格的至上价值，其目的在于强调人类文明和民族大义高于一切。

注释

1. 畛（zhěn）：界限。
2. 绝：断绝，这里意指区别。
3. 维：纲纪、法度。
4. 裂：这里指破坏。
5. 三极：指天、地、人。极，顶点，最高的位置。这里指宇宙世界最高等级的存在。
6. 大司：意指根本。司，主管。

故圣人先号[1]万姓[2]而示之以独贵[3]，保其所贵，匡其终乱[4]，施于孙子[5]，须[6]于后圣，可禅[7]可继[8]可革[9]而不可使夷类[10]间[11]之。

出自《船山全书》第 12 册，第 503 页，《黄书》

大意

所以历史上圣人首先号令族类百姓，显示其独有的尊贵地位，保护族类的尊贵，匡正族类最终的祸乱，并施加给子孙后代，这（历史重任）有待后继的圣人（承袭）。中国君权可以禅让，可以继承，可以变革，但不能让异族干预。

提要

船山是一位具有强烈民族意识和国家意识的伟大思想家。保卫族类、自强华夏是其一生信念。民族至上、国家至上的信念贯穿其一生的追求，并成为其为学的主旨。他把民族利益、民生利益放在君权之上，大胆提出君权“可禅、可继、可革”，用民族至上否定君权至上，突破了传统“尊王攘夷”的局限，使传统夷夏观向近代民族思想前进了一大步。但船山的历史观毕竟还受到传统夷夏观的束缚，还烙上华夏中心的意识，以轻蔑的目光看待异族，这是船山历史观的局限性所在。

注释

1. 先号：首先号令。
2. 万姓：泛指族类百姓。
3. 独贵：独有的尊贵地位。
4. 终乱：最终的祸乱。
5. 孙子：指子孙后代。
6. 须：等待。
7. 禅（shàn）：把帝位让给别人。
8. 继：继承。
9. 革：变革。
10. 夷类：外族。
11. 间（jiàn）：参与。

君相[1]可以造命[2]，邺侯[3]之言大矣！进[4]君相而与天争权[5]，异乎[6]古之言俟命[7]者矣。乃[8]唯能造命者，而后可以俟命，能受命[9]者，而后可以造命，推致[10]其极，又岂徒君相为然哉！

…………

虽然，其言[11]有病[12]，唯君相可以造命，岂非君相而无与于命[13]乎？修身以俟命，慎动以永命[14]，一介之士[15]，莫不有造焉。

出自《船山全书》第10册，第934—935页，《读通鉴论》卷二十四

大意

“帝王、宰相可以掌握国家和人民的命运”，李泌此言意义重大。他进一步提出帝王、宰相要主动与上天争夺

掌控命运的权力，这就与古人所说的“听天由命”大不相同了。只有掌握自己命运的人才能主动迎接未来；只有遵循客观规律行事的人才能掌握自己的命运。依照这个道理推而广之，难道世上只有帝王、宰相可以这样做吗？

…………

尽管如此，李泌的话也是有问题的。他说只有帝王、宰相可以掌握国家和人们的命运，难道不是帝王、宰相的人，就不能掌握自己的命运吗？只要努力修炼身心，敢于面向未来，谨慎行事遵循客观规律，一个普通人也可以掌握自己的命运（从而去改变国家的命运）！

提要

船山“造命说”在中国历史哲学中不同凡响。历史上，帝王受命于天，是代表天来统治人民的，这是“天意”；人民只能“听天由命”，不能违背“天命”。这是传统“天命论”根本所在。李泌提出“君相可以造命”，虽然在一定程度上跳出了传统“天命论”，看到了人的主体创造性，但他的“造命”主动性还只是局限在帝王将相极少数人身上，这是他的历史局限性。船山肯定和发挥了李泌的观点，分析批判了传统的天命观，把“君相可以造命”提升至“一介之士”都可以造命的历史新高度，肯定了普通人改变自己命运乃至国家命运、变革社会、创造历史的积极作用。他把人与“天命”（客观世界、客观规律）的关系，概括为“受命”“造命”和“俟命”，认为只有认识、遵循客观规律才能掌握自己的命运；只有掌握自己的命运，才能顺应时代去迎接未来。他的“造命说”，主旨是命运掌握在自己手里，人要做自己的主人，人人都可以成为历史的创造者。

注释

1. 君相：帝王将相。
2. 造命：创造命运，掌握命运。
3. 邺侯：李泌。唐大臣。京兆（治今陕西西安）人，原籍辽东襄平（今辽宁辽阳），字长源。幼以捷著称。玄宗时，待诏翰林、东宫供奉。安史之乱起，奔肃宗，深见信任，以宾友身份参议国事，多有劝谏，权逾宰相。代宗即位，召为翰林学士，为元载、常衮所忌，后外任。德宗时，拜中书侍郎、平章事，曾劝谏猜忌功臣，智救李晟等名将，封邺侯。多谋略，有谠直之风，然好神仙道术。子李繁撰《邺侯家传》，记其功业，语多浮夸。
4. 进：进而。
5. 与天争权：与上天争夺掌握命运的主动权。
6. 异乎：不同于。
7. 俟命：等待天命的安排。俟，等待。
8. 乃：但是。
9. 受命：认识和把握客观规律。受，接受，认识。命，命运，这里作客观规律讲。
10. 推致：推广到。
11. 其言：指李泌“君相可以造命”一说。
12. 病：毛病、缺点。
13. 无与（yù）于命：不能参与“造命”。
14. 慎动以永命：谨慎行动（适应客观规律），才能使自己的寿命或事业保持长久。永，长久，这里用作动词，延长之意。
15. 一介之士：指普通人。

政治

王夫之《礼记章句》遗稿　湖南博物院 藏

穆公問於子思曰爲舊君反服古與子思曰古之君子進人以禮退人以禮故有舊君反服之禮也今之君子進人若將加諸膝退人若將隊諸淵毋

不亦善乎又何反服之禮之有

悼公之喪季昭子問於孟敬子曰爲君何食敬子曰食粥天下之達禮也吾三臣者之不能居公室也四方莫不聞矣勉而爲瘠則吾能毋乃使人疑夫不以情居瘠者乎哉我則食食

衛司徒敬子死子夏弔焉主人未小斂絰而往子游弔焉主人既小斂子游出絰反哭子夏曰聞之也與曰聞諸夫子主人未改服則不絰

曾子曰晏子可謂知禮也已恭敬之有焉有若曰晏子一狐裘三十年遣車一乘及墓而反國君七个遣車七乘大夫五个遣車五乘晏子焉知禮

民之重[1]，重以天[2]也。

出自《船山全书》第2册，第328页，《尚书引义》卷四

大意

民众的重要性，像天的重要性一样。

提要

船山把民众的重要性，提升至天的高度，这是传统民本思想的发展。“民”是一个社会概念，“天”是一个宇宙概念。在传统思想中，“天”具有无可替代的崇高至上地位。但船山从人的主体性出发，把民众的重要性，看作像天一样重要，如此重视民众的地位和作用，是对传统的启蒙认识。《尚书》中有“重民以天”的说法，“天视听自民视听”，“民视听自天视听”，意思是说民意代表了天意，统治者要从民意中去体察天意，又要尊重天意来衡量民意。他主张“重民以天”，是为了批判“一姓之私”的“家天下”，其深刻性不仅在于其批判性，更在于其建设性。他主张“重民以天”应成为国家治理的“定理”，这个“定理”本质上就是“天理”的表现。

船山“重民以天”的政治观是建立在他“以人建极”的哲学观和历史观之上。人是宇宙世界的主体，民是国家社会的主体。人就是民，天下之人就是国家之民，所以说人民才是人类社会的根本。

注释

1. 重：重要。
2. 重以天：像天一样重要。

仁[1]及天下，道[2]之盛也。

出自《船山全书》第6册，第139页，《四书笺解》卷二

大意

仁爱普及世界，这是人道社会的盛世。

提要

“仁”是儒家文化的核心价值。孔子开创儒学，以“仁”提纲了儒学的核心价值，儒学又称之为仁学。这是孔子对人类文明的重大贡献。船山传承和光大孔子之“仁”，以“仁及天下”作为儒学的终极目标，他认为人类社会真正的“盛世”，是“仁及天下”，和谐共生，相亲相爱的盛世。“仁及天下”用今人通俗的话讲，就是让世界充满爱。这是具有超越意义的“天下之公”，是对人类文明发展的终极关怀。

注释

1. 仁：仁爱。儒学的核心价值。
2. 道：这里指人道。

一姓之兴亡，私[1]也，而生民[2]之生死，公[3]也。

出自《船山全书》第10册，第669页，《读通鉴论》卷十七

大意

一姓王朝的兴盛或是败亡，是个人的私事；广大人民的生存或是死亡，是天下的大事。

提要

民生为本是船山政治观的核心，也是他启蒙思想闪光之处。纵观中国历代王朝，都是以“一姓私天下”，这是封建王朝的祸根所在。他批判“私天下”，主张“公天下”。“公天下”要以民生为本，把人民利益放在高于一切的位置。船山可贵之处，在于把国家政治的最高价值定位在民生这个根本上。国家统治的目标有“公”“私”之分，以人民利益为重是“公天下”，以一家一姓利益为重是“私天下”。追求“公天下”是他的政治梦想。船山梦在他那个时代无

法实现，但他毕竟否定“一姓之私”的家天下，主张民生为重的公天下，发出了历史性的启蒙先声。

注释

1. 私：个人的，与“公”相对。
2. 生民：平民百姓。
3. 公：天下公理。

以天下[1]论[2]者，必循天下之公[3]，天下非夷狄盗逆[4]之所可尸[5]，而抑非[6]一姓之私也。

出自《船山全书》第 10 册，第 1175 页，《读通鉴论》卷末

大意

讨论中国社会兴亡得失，一定要找出中国兴亡的公理何在。中国社会不是野蛮民族、盗贼叛逆者可以占位的，也不是一姓王朝的私有财产。

提要

天下为公是船山的政治理想。研究中国历史，他发现中国历史是一部帝王专制史，是一部“一姓之私”的统治史。以王船山为代表的明清启蒙思潮，有一个鲜明的思想标志，那就是反对封建帝王专制，批判“一姓之私”。黄宗羲说帝王“为天下之大害”，唐甄说“帝王者皆贼”，他们与船山一样把思想批判的矛头直指封建帝王专制。船山力图否定“一

姓之私”的封建帝王专制，提出以民族至上、民生为本去“循天下之公”的启蒙命题，这是中国历史“公天下”的启蒙先声。但他对异族的看法，依然带有一定华夏中心的历史偏见。

注释

1. 天下：古时指中国。
2. 论：分析和说明事理。
3. 公：公正、公平。这里指公理。
4. 盗逆：盗，盗贼；逆，叛逆者。
5. 尸：尸位，指占位、篡位。
6. 抑非：也不是。

天为民而立君，君为民而置吏，其为功为罪，皆视民之忧乐生死而已。

出自《船山全书》第8册，第253页，《四书训义》卷二十八

大意

上天为老百姓确立了治国的君主，君主又为老百姓安排了理政的官吏，他们治国理政是有功绩还是有罪过，一切要以民生福祉为标准。

提要

船山以民生为重，视民生福祉为治国理政的根本，这是其“民权”思想的集中体现。一个国家、一个王朝，统治者执政是否有功绩，是否有罪过，检验标准只有一条，那就是看老百姓生活是不是幸福。民生幸福，那就是治国有功；民生不幸，那就是治国有罪。

道[1]行于乾坤[2]之全，而其用必以人为依[3]。不依乎人者，人不得而用之，则耳目所穷[4]，功效亦废[5]，其道可知而不必知。圣人之所以依人而建极[6]也。

出自《船山全书》第1册，第850页，《周易外传》卷一

大意

天道规律运行于天地自然之间，但它的功用必然要以人类主体为依托。如果不依托人，人不可能遵循天道而行事，那么人的耳目会局限于感官认知，天道规律的功用也会因人的主体缺位而作废，天道是通过人去认知但又是离开人而独立存在的。圣人只能依靠人的主体地位去建立人类社会的法则。

提要

“依人建极”是船山政治哲学的一个重要思想。它指出人是世界的主体。世界因为人的存在而显现出意义。这段话

强调，如果离开人，天“道”也就失去了价值和意义，“道”是“以人为依”之道。道依人存在，实际上是说人为自然立法，进而为社会立法。所谓“人极”，就是人类社会根本法则。船山认为人类社会的法则不是依据天理建立，而是通过人的主体实践建立的。

注释

1. 道：“道”在船山哲学中有多重意义，这里指道理规律。
2. 乾坤：天地，这里指宇宙自然。
3. 依：依托。
4. 穷：穷尽，这里指局限。
5. 功效亦废：指道离开人，其作用也就失去了价值和意义。
6. 依人而建极：依靠人去建立世界的根本法则。极，指根本。

治天下者，以天下之禄位[1]公天下[2]之贤者，何遽[3]非先王之遗意乎？

出自《船山全书》第10册，第134页，《读通鉴论》卷三

大意

治理国家，让国家的各级官位为社会上德才兼备的人所共有，这何尝不是先王的遗愿呢？

提要

人才选拔，是船山“公天下”的一个重要方面。国家治理，选人用人是根本。他反对官位世袭，主张公正选拔人才，人才应德才兼备，唯才是举。

注释

1. 禄位：俸禄爵位，指官位。
2. 公天下：此处为天下共有的意思。
3. 何遽：如何，怎样。

选贤[1]任能[2]以匡扶[3]社稷者，天下之公也。

出自《船山全书》第 10 册，第 187 页，《读通鉴论》卷五

大意

选拔任用德才兼备的人匡正扶助国家，是兴盛天下的公理。

提要

国家兴盛，人才很重要。船山认为“治道”的根本在于人才的选拔。治国需要人才，行政离不开人才，治国行政都是靠人才去实现的。有德者上，无德者下；有才者上，平庸者下，让有德有才的人去治国行政，这才是天下为公的用人原则。

注释

1. 选贤：选拔有道德有才能的人。
2. 任能：任用有才干的人。
3. 匡扶：匡正扶持，辅佐。

用人与行政[1]，两者相扶以治，举[2]一废[3]一，而害[4]必生焉。

出自《船山全书》第10册，第421页，《读通鉴论》卷十一

大意

选用人才和治国理政，这两方面要互相支持以达到治国目的，如果推举一方面而放弃另一方面，祸害一定会产生。

提要

船山认为，治理国家，从用人与行政方面看，二者要有机结合，不可偏废。但用人十分重要，因为国是靠人来治的，政也是需要人去行的。所以安邦治国的关键在选贤任能。

注释

1. 行政：治国理政。
2. 举：推举。
3. 废：废弃，作废。
4. 害：灾害，祸害。

尧、舜之治[1]，尧、舜之道[2]为之；尧、舜之道，尧、舜之德为之。

出自《船山全书》第11册，第153页，《宋论》卷六

大意

尧舜时代开创的太平盛世，是尧舜的治国方法实现的；尧舜的治国方法，是尧舜以德治实现的。

提要

儒家治国，重视德治。尧帝与舜帝是中国远古的圣明君主，尧帝重德选拔了舜帝，舜帝以德治国，开启了中国的道德文明。尧舜为中国道德文明始祖。尧天舜日成为中国文明盛世的向往。治国之道，船山推崇尧舜之治，重视德教治天下。德教是治人心，治人心是治国的根本。

注释

1. 尧、舜之治：比喻太平盛世。尧，传说中的远古圣明帝王，又称唐尧。舜，传说中的远古圣德帝王，又称虞舜。尧舜并称，后以称颂圣明君主。
2. 道：这里指治国之道，治国之法。

《易》本[1]天[2]以治人，而不强天以从人。

出自《船山全书》第 1 册，第 1096 页，《周易外传》卷七

大意

《周易》之道的根本是依据自然规律来治理人类社会，而不可强行改变自然规律以顺应人类社会发展。

提要

《周易》是中国思想文化的一大源头，它被学者视为“六经”之首。船山认为《周易》之道根本是讲天人变易和协调关系。人与自然的关系，是人类生存发展的一个永恒课题。他对天人关系的认识，有着独特的解释。他认为人是自然世界的主体，是有为能动的主体。人能遵天道而为人道，也就是说人要顺应天道自然规律去发挥人道规律、发展人类社会，而不是改变或强迫天道自然规律服从人道社会发展，甚至是违背、破坏自然规律以推动人类社会发展，如果这样，就破坏了天人和谐关系，结果是天道破坏了，人道也发展不好。

注释

1. 本：草木的根部，事物的根本。这里引申为依据、按照。

2. 天：船山对“天”有多重解释，这里指自然之天。

严[1]者，治吏之经[2]也；宽者，养民之纬[3]也；并行不悖，而非以时[4]为进退者也。……故严以治吏，宽以养民，无择于时而并行焉，庶[5]得之矣。

出自《船山全书》第10册，第309页，《读通鉴论》卷八

大意

严厉，是治理官吏的原则；宽松，是生养人民的道理。在治理国家中严与宽两者一起运用而不相对立，而不要因为时代变化就选择过严或过宽的政策。……所以说治理官吏要严格要求，生养人民要宽松政策，不宜随时变化而要两者并用，差不多就是治国之法。

提要

“宽猛相济”是儒家的治国之法。船山发挥了这个思想，进一步提出了“宽以养民、严以治吏”的原则。他认为这个治国原则具有普遍适用性，也就是说，在任何时候对官吏都

要严，对民众都要宽，不能因为王朝变化而改变这个原则。他提出的这个原则，有两点值得注意。一是对民生的重视，民生重于一切，是他政治思想中的一个亮点。任何王朝都要以民生为重，这是治国理政的根本。要实现这个政治目标，当然要“宽以养民”。二是治理国家，既要养民，也要治吏。官吏是国家的管理者。他意识到，官吏腐败，是中国官场的痼疾。家国兴亡，必须“严以治吏”。“严以治吏，宽以养民”是治国的根本原则，这是任何时代、任何王朝都不能改变的。

注释

1. 严：严厉、严格。
2. 经：织布的纵线。这里引申为原则，道理。
3. 纬：织布的横线。这里引申为原则，道理。
4. 以时：随着时间变化。
5. 庶：差不多。

夫为政者，廉[1]以洁己，慈[2]以爱民，尽[3]其在己者而已。

出自《船山全书》第10册，第708页，《读通鉴论》卷十九

大意

为官执政的人，要正直不贪清白立身，要仁慈为怀爱护人民，努力尽责一切从自己做起。

提要

船山认为廉政要从廉己开始，这是对为官执政者的基本要求。

注释

1. 廉：不贪，廉洁。
2. 慈：仁慈，和善。
3. 尽：竭力完成。

严下吏[1]之贪，而不问上官[2]，法益峻[3]，贪益甚[4]，政益乱，民益死，国乃以亡。

出自《船山全书》第10册，第1100页，《读通鉴论》卷二十八

大意

严格防止下级官吏的贪腐，而不追究高级官吏的贪腐，这样做即使法令更加严酷，贪腐反而更加厉害，国家政局也就更加混乱，人民就会更加陷入绝境，国家会因此而败亡。

提要

船山认为国家兴亡之道，关键在于建设廉洁官场，并严厉惩治贪污。他考察历史发现，历代王朝并非不惩治贪污，而是其惩治贪污主要是针对下级官吏，对于高级官员的贪污往往是网开一面。他认为这是亡国之道。因此，“严下吏之贪”，可以平百姓一时之愤。但高官之贪往往是通过下官之贪去实现的，下官为高官敛财，高官却不受法律制裁，因而贪污之

风会越来越厉害，整个官场贪腐成风，沆瀣一气，最后导致民死国亡。他指出，惩治贪污的关键在于“严上官之贪”。

注释

1. 下吏：普通官员。
2. 上官：高级官员。
3. 法益峻：刑法更加严酷。法，在古代一般指刑法。
4. 贪益甚：贪腐更加厉害。

古之称民者曰“民岩[1]”。上与民相依以立，同气同伦而共此区夏[2]者也，乃畏之如岩也哉？……民非本岩，上[3]使之岩。

出自《船山全书》第10册，第1025—1027页，《读通鉴论》卷二十七

大意

古代称呼民众为“民岩”。统治者与民众相互依存而构成社会，他们生命相同、人伦相通，又一起生活在华夏大地，怎么会畏惧他们如同畏惧坚硬的岩石呢？……民众原本不是“坚硬的岩石”，是统治者（治国不当）逼使他们变成“坚硬的岩石”。

提要

中国近代变革先驱谭嗣同认为船山学中有着最初的“民权”思想。释义船山这段话，从中可以见出船山对“民权”的重视。依人建极，以民立国，是他政治哲学的一个基本点。

在他看来，在上的统治者也好，在下的民众也好，他们都是人。在生命本源上，人性没有什么区别，都有着同样的生命和平等生存的权利，这就是中国传统社会里最初的“民权”思想。从人性论看，统治者与民众理应“相依以立”，协调生活，共同发展。但统治者却要高高在上，视民众为“民岩”，把原本是一体的民众变成自己的对立面，把“相依以立”的关系变成相互对立的关系，这种社会对立的局面，不是民众造成的，而是统治者造成的。“民本非岩，上使之岩”这一命题是对封建专制统治的一个大胆否定。“民本非岩，上使之岩”的恶果，就是历代的暴政，历代的官逼民反，最终的结局是社会动乱、改朝换代。船山提示当政者，官与民是相互依存的关系，是一个命运共同体，治国理政要依靠民众，得民者才能得天下，依民者才能治天下。

注释

1. 民岩：语出《尚书·召诰》：“王不敢后，用顾畏于民岩。”此言是周召公对周成王说的话。“岩”字本义为积石高峻之貌，引申为坚定，强大。“畏于民岩”，意谓民众的力量和决心如同坚硬的岩石，不可小觑。
2. 区夏：华夏区域，指华夏。
3. 上：处上位的人，指为官者，统治者。

经济

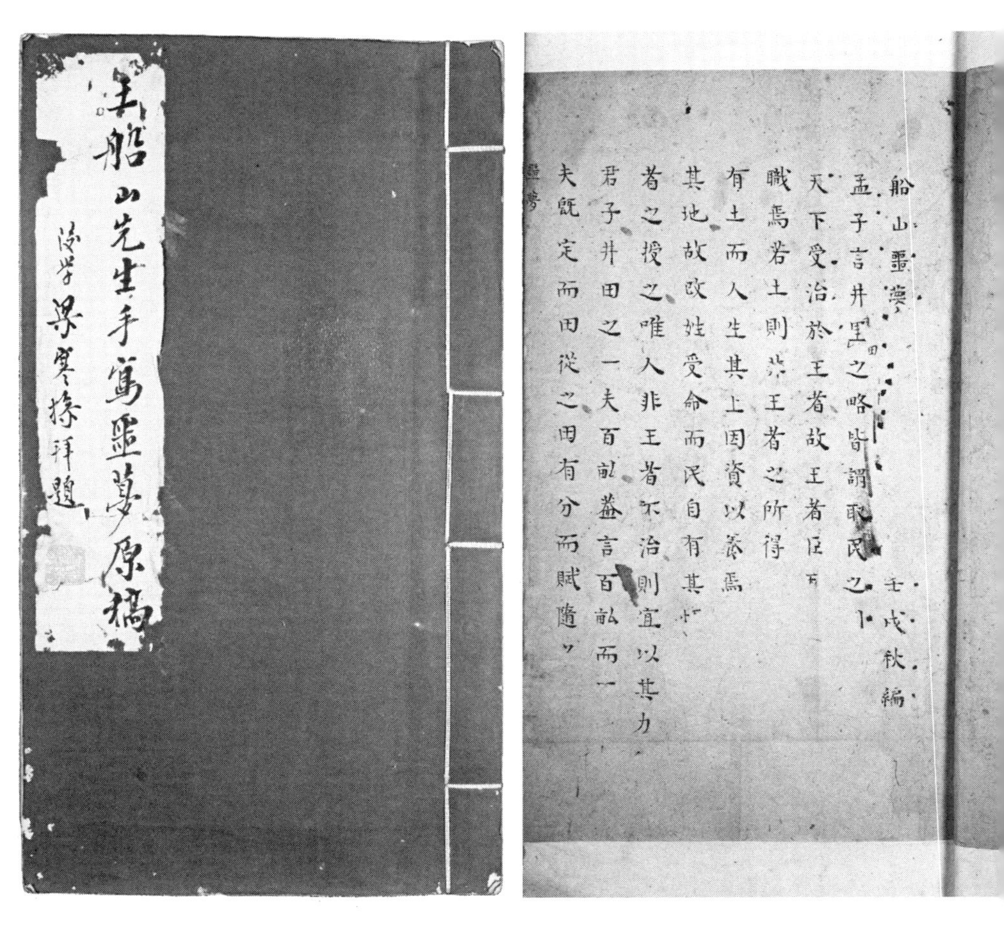

船山先生手寫噩夢原稿
後學 梁寒操拜題

船山噩夢 壬戌秋編
孟子言井田之略皆謂取民之
天下受治於王者故王者臣
職焉若土則非王者之所得
有土而人生其上因資以養焉
其地故改姓受命而民自有其
者之授之唯人非王者不治則宜以其力
君子井田之一夫百畝蓋言百畝而一
夫既定而田從之田有分而賦隨之

王夫之《噩梦》手稿（局部） 湖南博物院 藏

王政[1]以裕民[2]为先务[3]。

出自《船山全书》第8册，第39页，《四书训义》卷二十五

大意

王道仁政要以使人民生活富足为首要的职责。

提要

强国富民是船山治国理政的理想目标。“王政”的推行，是历代儒家推崇的治国模式。对于什么是“王政”，历代儒家有各自的解说。船山认为王政最基本一条，是要看是不是解决了民生问题，是不是让人民过上了富足的生活。民富是国富的根本。

注释

1. 王政：王道仁政。儒家以“王政”（仁政）作为理想的国家治理模式的核心。
2. 裕民：让人民富裕。
3. 先务：优先考虑的事。

利[1]者，民之依[2]也。

出自《船山全书》第2册，第242页，《尚书引义》卷一

大意

物质利益，是民众所依靠的。

提要

船山在重“义”的同时，也十分看重人民物质利益的满足。他认为物质利益是社会发展的基础，是民生所需的基本条件。

注释

1. 利：这里指物质利益。
2. 依：依靠，依托。

故大贾[1]富民[2]者，国之司命[3]也。

出自《船山全书》第12册，第530页，《黄书》

大意

掌握大资本的商人和富人，他们是国家经济发展的命脉。

提要

船山对商品经济的重视，从其提出“大贾富民，国之司命”的命题中可见一斑。在中国传统社会中，自然农耕经济主宰了中国社会几千年发展历史，与之相适应的是对“民”的划分，士尊商卑，历代皆然。明代中晚期商品经济的蓬勃发展，正在突破这一历史经济格局。他敏锐地意识到商品生产、商品流通的大发展，必将推动中国进入“大贾富民，国之司命”的新时代。船山意识到近代经济在中国的这一发展趋势，把发展商品经济看作是“立国之资”，是“裕国富民”的重要途径。他深刻意识到，中国的富强不仅依赖于农耕经济这一基础，亦需要商品经济和“资本”的撬动。他把“大贾富民”

的地位和作用提升至关系国家经济命脉的高度，这是前所未有的。这实质意味着，用商品和资本的力量去推动经济，强盛中国。

注释

1. 贾（gǔ）：商人。大贾，掌握商业资本的大商人。
2. 富民：占有财富的人。
3. 司命：掌握命脉。

天子不独富，农民不独贫，相仿[1]相差[2]而各守其畴[3]。

出自《船山全书》第10册，第194页，《读通鉴论》卷五

大意

（三代）天子不能独自享有天下的财富，农民也不能总是生活在贫困之中。社会的贫富差距不大，财富拥有差不多，各自拥有自己的田地，享有田地的收成。

提要

船山对“均天下”的财富分配制度比较认可。他认为国家强盛安康，一方面要发展生产，有充足的财富，富国裕民；另一方面在财富分配上要公平“相若”。天子虽然位至至尊高位，但也不能独占天下财富；农民虽然地位低微，但也不能没有保证生活的财产。天下财富要在富人与穷人、统治者与平民百姓之间进行公平合理分配，这样才能实现真正的“王政”。

注释

1. 相仿：相类似。

2. 相差：差不多。差，差别，不相同。

3. 畴：泛指田地，意为财产。

人主[1]移[2]于贾而国本凋，士大夫移于贾而廉耻丧。

出自《船山全书》第10册，第123页，《读通鉴论》卷三

大意

君主变成了商人那么国家一定会衰败，官吏变成了商人那么社会的道德也就沦丧了。

提要

船山重视发展商品经济对强国富民的重要作用，但又严格为政与为商的区别。

为政者不能经商，这是治国的铁律。君王是一国之主，是国家最高统治者；各级官吏是国家权力的具体执行者，无论是君王，还是各级官吏，他们的职责，就是用好手中的权力，治理好国家，为民生谋福祉。为官行政，绝对不能凭借手中的权力去做生意，或把自己变成商人，唯利是图。执政是君王的职责，行政是官吏的职责，做生意挣钱是商人的职责，各守其职，国家就会繁荣发展。政商不分，

既破坏了经济秩序，又败坏了官场风气和社会风气，最终的恶果是国家衰败。

注释

1. 人主：君主。
2. 移：移动、改变。这里有“变成”的意思。

人则未有不自谋[1]其生者也，上[2]之谋之，不如其自谋；上为谋之，且弛[3]其自谋之心，而后生计愈蹙[4]。故勿忧人之无以自给也。藉[5]其终不可给，抑必将改图而求所以生，其依恋先畴[6]而不舍，则固无自毙之理矣。上唯无以夺其治生[7]之力，宽之于公，而天地之大，山泽之富，有余力[8]以营之，而无不可以养人。

出自《船山全书》第10册，第710页，《读通鉴论》卷十九

大意

人民都是自己谋划自己的生活的。政府为人民谋划生活，不如让人民自己谋划生活。政府替人民谋划生活，容易松弛人民自己谋划生活的心思，（人民不自己谋划生活）以后的

生活就会愈加困苦，所以不要担心人民会不会自给自足。如其最终不能自给，那一定会改变方法去另谋生路，他们可以依靠祖辈留下的田地去发展生产，一定不会有自绝生路的道理。政府只有不去剥夺人民谋生的劳动力，实行宽松养民的大公政策，天地财富之大，山河财富之多，人民有充足的劳动力去经营它，到处都可以生养人民。

提要

这段话集中表达了船山的“市场经济思想”。早在20世纪初叶，就有学者认为船山开启了中国“自由经济”学说的思想源头。船山深刻认识到，社会经济的发展，需解放人的生产力。他反对权力干预一切，尤其是行政权力干预经济。发展经济，应该按经济规律办事。人都有求生存的自然本能，都有自谋其生和按需求生产的能力，推动经济发展，就是要让每个人发挥这种能力。如果用行政权力去干预社会经济，把人民的生产生活强行纳入政府计划，由政府指令来代为人民谋生计，那人民就会不再关心生产，生长懒散之心，丧失生产活力，势必导致社会生产不足，从而造成普遍贫穷，民不聊生。他深刻认识到由政府制定统一的计划来支配甚至代替人们的经济行为，是与发展经济背道而驰的。政府对经济干预越少，市场就越有活力。把每个人“自谋其生”的权力还给个人，把社会生产力从行政权力的禁锢中解放出来，这是船山经济思想的近代诉求。

注释

1. 自谋：自己谋划。
2. 上：处上位的人，统治者，这里指政府。
3. 弛：放松，松懈。
4. 蹙：困窘、困顿。
5. 藉：借助，依靠。
6. 先畴：祖先留下的田地。
7. 治生：谋生计。
8. 余力：多余的劳动力。这里指充足的劳动力。

据地[1]以拒敌，画疆[2]以自守，闭[3]米粟丝枲[4]布帛盐茶于境不令外鬻[5]者，自困之术[6]也，而抑有[7]害机[8]伏焉。夫可以出市[9]于人者，必其余于己者也。此之有余，则彼固有所不足矣；而彼抑有其有余，又此之所不足也。天下交相灌输[10]而后生人[11]之用[12]全，立国之备[13]裕。金钱者，尤百货之母[14]，国之贫富所司[15]也。

出自《船山全书》第10册，第1056页，《读通鉴论》卷二十七

大意

占据一地来对抗敌方，划定边界加以固守，禁止粮食、丝麻、布匹和盐茶出境，不准往外出卖，这是困死自己的办法，而且还有更大的危机潜伏其中。凡是可以出卖给别人的，一定是自己多余的东西。这里多余的货物，

别的地方一般会缺少；而别的地方多余的货物，又往往是这里所缺少的。整个国家的货物理应互相交流（互通有无），而后人民的生活需要才会齐全，巩固国家的物质储备才会充裕。（在商品流通和交换中）金钱更是百货流通的根本，是决定国家贫富的东西。

提要

在传统的自然经济社会中，船山就具备早期的商品经济眼光。在经济发展中，他重视商品自由流通，公开贸易，反对闭关锁国，主张发展商品经济去富民强国。尤为可贵的是他提出的“金钱者，尤百货之母，国之贫富所司”的命题，与其“大贾富民，国之司命”一样，发出了催生中国本土商品经济发展的启蒙先声。

注释

1. 据地：占据一地。
2. 画疆：划定边界。画，同“划”，划分。
3. 闭：关闭，这里为禁止出境之意。
4. 枲（xǐ）：大麻的雄株。这里泛指麻。
5. 鬻（yù）：卖。
6. 术：方法、办法。
7. 抑有：还有。
8. 害机：危机。
9. 出市：出卖。市，交易、买卖。
10. 天下交相灌输：各地相互交易。交相，相互。灌输，输入和输出。

11. 生人：生民，指天下百姓。

12. 用：日用品，各种生产、生活物资。

13. 备：物资储备。

14. 母：这里指根本。

15. 司：主管，这里意指“决定”。

夫唯通市[1]以无所隐，而视敌国之民犹吾民也，敌国之财皆吾财也，既得其欢心，抑济吾之匮乏，金钱内集，民给[2]而赋税以充，耕者劝耕[3]，织者劝织，山海薮泽[4]之产，皆金粟[5]也，本固邦宁[6]，洞然[7]以虚实示人，而奸宄[8]之径亦塞[9]。利于国，惠于民，择术之智[10]，仁亦存焉，善谋国者，何惮[11]而不为也？

出自《船山全书》第10册，第1057—1058页，《读通鉴论》卷二十七

大意

只有开放对外贸易不去掩盖自己的需求，而且看待敌国的人民就像看待自己的人民一样，看待敌国的财富就像看待自己的财富一样，这样既可以得到敌国人民的欢心，又可以接济本国所缺乏的物产；这样有利于财富

集中到国内，民众的供养、国家的财税收入也会充足；耕种田地的人会努力耕种田地，纺纱织布的人会辛勤纺纱织布；大山大海湖泊水泽所产的物品，都意味着财富丰盈；民生稳定、国家安宁，明白真切地展现在世人面前，那些狡诈为恶的歪门邪道也行不通了。开展对外贸易，有利于国家，恩惠于人民，这是选择治国权术的智慧所在，仁政也存在其间。善于谋划治国的人，还有什么担心而不去开放贸易呢？

提要

船山商品经济思想，有许多超越历史的地方。他反对闭关锁国，主张对外开放贸易，这是他的远见卓识。明朝末年，中国之患既有北方的“夷狄”，又有海上的“敌国”，“海禁”导致了明朝闭关锁国。他认为闭关锁国，禁绝对外贸易是既损人又不利己的愚蠢国策。他主张以仁者的胸襟对待敌国，以智者的智慧开放门户，对外贸易，通过公平交易，互通有无，把敌方的财富变成自己的财富，以达到“裕国富民”的目的。船山的对外开放、对外贸易思想对我们今天的改革开放仍有积极的借鉴意义。

注释

1. 通市：指对外贸易。市，交易，做买卖。
2. 民给（jǐ）：民众的供给、供养。

3. 劝耕：勉励耕种田地。劝，勉励，奖励。

4. 薮（sǒu）泽：水草茂密的沼泽湖泊。

5. 金粟：泛指财富。金，金钱；粟，粟米。

6. 本固邦宁：民生稳定，国家安宁。本，这里指民生为本。邦，指国家。

7. 洞然：形容很透彻，很明白。

8. 奸宄（guǐ）：违法作乱的人或事。《国语·晋语六》："乱在内为宄，在外为奸。"

9. 塞：堵住。

10. 择术之智：这里指选择治国权术的智慧。

11. 惮：畏惧，害怕。

乃[1]当其贵[2]，不能使贱[3]，上[4]禁之弗贵，而积粟[5]者闭籴[6]，则愈腾其贵[7]；当其贱，不能使贵，上禁之勿贱，而怀金者[8]不售，则愈益其贱[9]；故上之禁之，不如其勿禁也。

出自《船山全书》第10册，第608页，《读通鉴论》卷十六

大意

当物价上涨的时候，不能违背市场规律让物价变低，政府用行政手段禁止物价走高，但那些囤积粮食的商人会停止买进（粮食），那么会更加刺激物价上涨。当物价下跌的时候，不能让物价走高，政府用行政手段禁止物价走低，但那些有钱的商人会囤积粮食不卖，那么又会更加促使价格更低。所以说，政府用行政权力去禁止物价变化，还不如遵循市场规律不去人为干预市场价格。

提要

船山生活在明清之际，明末商品经济在江南十分发达。他已意识到商品经济发展对推动中国社会进步的巨大作用，力主发展商品经济要遵循市场规律，反对政府用行政权力干扰经济运行，干预市场价格。他认为行政权力干预市场，违背市场自身法则，商品经济运行要让市场自行调节。物价贵贱取决于市场买卖双方相互之间的关系，取决于商品的供需关系。不可以行政权力去强制提高物价或降低物价，这会适得其反，让买卖双方望而却步，导致商品买卖要么是贵者愈贵，没有商品可买；要么是贱者愈贱，商品亏积卖不出去。因此，权力理应退出市场，让市场自行调节。总而言之，商品价格是市场决定的，而不是权力决定的。

注释

1. 乃：指示代词，如此。
2. 贵：价格高。
3. 贱：价格低。
4. 上：这里指政府衙门。
5. 粟：谷子。这里泛指粮食。
6. 籴（dí）：买进粮食。
7. 腾其贵：物价上涨，价钱更贵。腾，升，指物价上涨。
8. 怀金者：这里指有钱的商人。
9. 益其贱：物价下跌，价格更低。益，更加。

聚钱布[1]金银于上[2]者，其民贫，其国危；聚五谷于上者，其民死，其国速亡。

出自《船山全书》第10册，第726页，《读通鉴论》卷十九

大意

积聚金银财宝在统治者手中，平民百姓就会贫困，国家就会陷入危局；积聚粮食在统治者手中，平民百姓就会陷入绝境，国家会迅速败亡。

提要

船山意识到社稷动乱、国家败亡的一个重要原因是财富分配不公，社会贫富悬殊。他有一个基本认识，“财皆天下之财”（《四书训义》卷二十八），财富是天下人创造的财富，理应让天下人共同拥有。要裕民富国，就不能让财富集中在少数人手中，不能只让少数统治者富有，而让大多数人失去财富，广大民众陷入贫穷。如果治国不解决好财富分配不公、

贫富悬殊的问题，就必然会出现“民贫”“国危”的困境，最终导致“民死”“国亡”的灾难。

注释

1. 布：古代一种货币。
2. 上：泛指统治者。

夫大损于民而大伤于国者，莫甚于聚财于天子之藏而枵[1]其外，窘[2]百官之用而削[3]于民，二者皆以训盗也；盗国而民受其伤，盗民而国为之乏矣。

出自《船山全书》第10册，第855页，《读通鉴论》卷二十二

大意

对人民最大的损害和对国家最大的伤害，莫过于聚敛天下财富变成天子私人的收藏，而导致国库空虚，民众贫苦。这样做，会让各级官吏陷入生活困境而肆意剥削民众，让天下苦不堪言，这二者都是助长盗窃之风的行为。偷盗国家的财富而民众会受到伤害，偷盗民众的财富而国家又会变得贫乏。

提要

船山认为，最大的“损民”“伤国”的政策，是天子聚财。天子聚财会从两方面“训盗”。一方面会训诱出一批“盗国”者。

因为天子搜刮天下财富，集聚在内府据为私有，不用于国计民生，内府财物愈积愈多，天子与大臣也无法弄清，只能听任宦官和管理内府的“奸吏”偷窃，实际上这就养成了一批“盗国”者。另一方面又会训诱出一批“盗民”者。天子聚财，各级官吏一定会为天子搜刮天下财富，这会导致国库空虚，为投上所好，奸吏又会巧立名目，增加赋税，层层加码，剥削人民，这又养成了一批“盗民”者。盗国必盗民，盗民必伤国。船山视天子聚财为天下之大祸，其败亡之势必然。

注释

1. 枵（xiāo）：大树空心的样子。这里指空虚。
2. 窘：困顿，使陷入困境。
3. 削：指剥削。

财聚于上以空[1]于下[2]，则民无以生而叛散[3]必矣。上惟外末而不聚财，上无过取[4]而人有余资[5]，财散于下而不积于上，则民安其生而生聚[6]蓄[7]矣。

出自《船山全书》第7册，第91页，《四书训义》卷一

大意

财富集中在少数统治者阶层，所以下层百姓一无所有，那么人民大众失去生活的依靠而社会动乱一定会发生。统治者不要过分夺取财富而要让人民有剩余的钱财，财富分散给平民百姓而不要集中在统治者阶层，那么人民就会安居乐业而且民生财富会越来越丰盛。

提要

财富的公平分配是船山自强中国、自固民族的一个理想诉求。

船山在探究中国兴亡的历史经验时，深刻意识到财富分

配不公是社会动乱的一个根本原因。财富集中在上层统治者和少数富人手中，下层民众百姓就会极为贫穷，人民生存不下去，就会揭竿而起，社会就会动荡不已。所以，他在财富分配上提出“均天下”原则。“均天下”在他看来，不是平均主义，而是财富的均衡分配，富者不能富可敌国，贫者不可一无所有，上下“相若”，贫富分化不大。所以他极力反对国家在发展经济过程中，财富过度积聚在统治者阶层尤其是集中在少数巨富手中；主张积财于民，藏富于民，让民间有丰盛的财富积累，让民众有充裕的财产，这才是国强民富的基石。

注释

1. 空：什么都没有，空无。
2. 下：这里指平民百姓。
3. 叛散：社会动乱之意。
4. 过取：过分夺取。
5. 余资：多余的钱财。
6. 生聚：民生依靠的财富积聚。
7. 蕃：茂盛，繁多。

王者能臣[1]天下之人，不能擅[2]天下之土。……若夫土，则天地之固有矣。王者代兴代废[3]，而山川原隰[4]不改其旧；其生百谷[5]卉木[6]金石[7]以养人，王者亦待养焉，无所待于王者也，而王者固不得而擅之。故井田之法[8]，私家八而公一，君与卿[9]大夫士共食之，而君不敢私。唯役民以助耕，而民所治之地，君弗得而侵焉。民之力，上所得而用；民之田，非上所得而有也。

出自《船山全书》第10册，第511页，《读通鉴论》卷十四

大意

帝王可以统治天下的人民，但不可以独占天下的土地。……如果说到土地，这是自然天地原本就有的东西。

帝王随着王朝的兴盛而出现又随着王朝的衰亡而消失，而高山河流平原湿地并没有改变原有的面貌；土地生长着各种粮食、花草树木，蕴藏金银玉石供养人类，帝王也要依靠土地供养，土地却不依靠帝王而存在，所以帝王不能独占天下的土地。历史上推行的井田制度，私人耕种其中的八份，而公田只占其中一份，君主与贵族阶层共同享有这一份土地，而君主不能把它当作私产。君主可以差役人民去帮助耕种土地，人民所耕种的土地，君主是不能侵占的。人民的劳动力，君主能够利用；人民的田地，不是君主所能独自占有的。

提要

船山认为土地是天下的土地，是天下人共有的土地。他主张对土地的权利是人与生俱来的，而不是帝王和统治者的私有权。中国自古以来讲的是“普天之下，莫非王土”，帝王是中国土地的最高所有者。他力倡土地天下人共有，进而主张土地私有，反对帝王侵夺人民的土地所有权，这是对封建专制主义的有力批判。他对土地所有权的看法，已接近“私有财产神圣不可侵犯”的自然法，其价值取向有着明显的近代因素。

注释

1. 臣：作动词用，这里指统治人民。
2. 擅：独占，专有。
3. 代兴代废：王朝兴盛衰亡更替。
4. 原隰（xí）：平原湿地。原，开阔平坦地方；隰，低湿的地方。
5. 百谷：泛指粮食。
6. 卉木：花草树木。
7. 金石：金银玉石。
8. 井田之法：殷周时期奴隶社会土地制度。奴隶主把田地划分成“井”字形方块，中间为公田，四周为私田。奴隶们先要无偿地耕种公田，以供养奴隶主。春秋之后，“井田制”渐被废弃，为封建生产关系取代。
9. 卿：古代高级官员名称。西周、春秋时天子、诸侯都有卿，分上、中、下三等。秦汉时三公以下设九卿，以后历代相沿。

若土，则非王者之所得私也。天地之间，有土而人生其上，因资[1]以养焉。有其力[2]者治其地，故改姓[3]受命而民自有其恒畴[4]，不待王者之授[5]之。

出自《船山全书》第12册，第551页，《噩梦》

大意

譬如土地，就不是帝王可以占为私有的。天地自然之间有土地存在，而人民生养在土地之上，因此凭借土地的产物而生存。有劳力的人耕种应有的土地，因此不管怎样改朝换代，民众有自己固定的田地，不必依靠帝王的授予。

提要

土地是农民的命根子。船山意识到土地对农民的重要性。力倡土地为劳动者私有，反对帝王把土地占为私有财产。他“有其力者治其地”的观点，与“耕者有其田”的主张是一致的，都是强调劳动者拥有土地，这是从根本上解决农民的吃饭问题，吃饭问题是中国社会的根本问题，所以说土地问题也就是中国社会的根本问题。

注释

1. 资：供给、帮助。
2. 力：气力，这里指劳动力。
3. 改姓：改换姓氏。这里指改朝换代。
4. 恒畴：已经耕作的田地，泛指田地。恒畴，中国古代由朝廷授予农民的终生口粮田。这里指农民的永久性农田。
5. 授：给予。

伦理道德

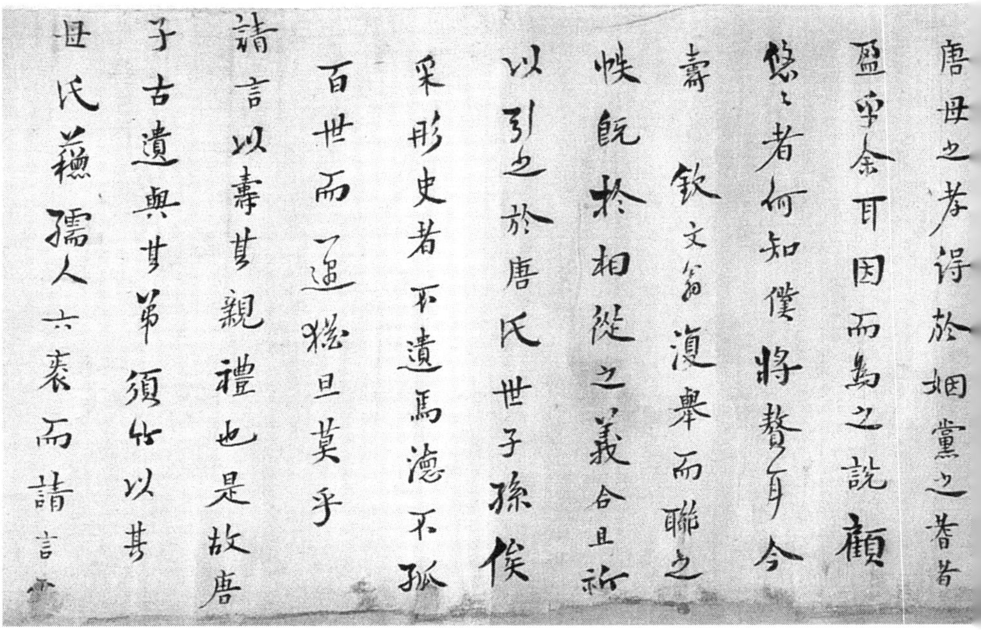

王夫之《孝寿说》遗墨（局部） 湖南博物院 藏

君之壽觴三山鸞鶴之歌萬石花封之頌非翁父子所欲亦非野人之所習也故以永年之說進

昭陽赤奮若月中姑洗巳丑世弟王文之雨樵謹書

孝壽說

庚戌新秋雨唐子爲其母氏六袠壽徵侑辭焉蒙惟

生[1]以载义[2]，生可贵；义以立生，生可舍。

出自《船山全书》第2册，第363页，《尚书引义》卷五

大意

人的生命可以承载道义，承载道义的人生是宝贵的；道义确立人生的价值，（为道义）人可以舍弃自己的生命。

提要

船山贵生、珍生，认为人的生命是极为宝贵的。但生命之所以可贵，人生之所以宝贵，就在于人的生命可以承载道义；人生最大的意义在于实现道德理想和道义价值。为了天下道义，为了实现道德人格，人可以舍弃自己的生命！舍生求义，是中国传统文化倡导的价值取向，也是古往今来仁人志士追求的精神境界。船山极为重视道德人格的提升，他以“义以立生”“生以载义”来确立道德人生的价值取向，以道义价值和标准去提升人生的境界。他不仅在学理上提升道

义的价值，而且在自己的人生中践行大义至上的价值追求，成为卓立千古的民族魂。

注释

1. 生：生命，人生。
2. 义：这里指道义。

有豪杰[1]而不圣贤[2]者矣，未有圣贤而不豪杰者也。

出自《船山全书》第12册，第479页，《俟解》

大意

成为豪杰的人并不一定是圣贤，而成为圣贤的人一定都是豪杰。

提要

船山推崇豪杰精神，亦推崇圣贤精神。他认为人要奋发有为，社会要变革向上，需要豪杰，需要圣贤。豪杰和圣贤是引领社会发展的人物。什么是豪杰，豪杰就是有非凡气概、有担当精神的英雄人物。在时代变革中，英雄豪杰能己任天下，大义担当，奋发有为，匡国济时，革新天下。纵观历史发展，船山呼唤豪杰精神。船山认为，人只有先成为豪杰，而后才能成为圣贤。换句话说，只有堪称豪杰的人才能成为圣贤。在他的历史视野中，一个民族的强盛，一个国家的强盛，离不开“豪杰”精神，离不开“圣贤”气象。以史为鉴，宋代的败亡，明代的衰亡，与“豪杰”精神和“圣贤”气象的渐失是密切相关的。船山强烈意识到民族复兴、中国强盛，是需要用“豪杰”精神和“圣贤”气象来重塑民族精神的！船山的豪杰圣贤论，对青年毛泽东有着很大的影响。在湖南一师读书时，毛泽东就把船山这句话写在自己的读书笔记中，当作座右铭，誓做改变中国命运的豪杰圣贤之士。

注释

1. 豪杰：才能出众的人物。
2. 圣贤：圣人和贤人的合称。亦泛指道德学问极高的人。

人之所以异于禽[1]者，唯志[2]而已矣。不守[3]其志，不充[4]其量[5]，则人何以异于禽哉！

出自《船山全书》第12册，第451页，《思问录·外篇》

大意

人类之所以不同于动物，因为人有远大的志向。不坚定志向，不充实气量，人怎么区别于动物？

提要

在船山历史观中，他是极重人禽之辨的。人不同于动物，因为人的本质在文化。人是有志向、有道德、有文化的自觉有为的主体存在。人要成为有用的人，就要立志、守志、正志，以远大志向引领自己的人生追求，做一个品格高尚、有所作为的人。

注释

1. 禽：鸟兽的总称。这里泛指动物。

2. 志：志向。

3. 守：保持，坚守。

4. 充：充实。

5. 量：度量，气量。

仁[1]者，即夫人之生理[2]，而与人类相为一体[3]者也。相为一体，故相爱焉。

出自《船山全书》第7册，第173页，《四书训义》卷三

大意

仁爱，从本质上说就是人类的生生不息的道理，它又表现为人类本性相通的命运共同体。人类作为命运共同体，所以是相亲相爱的。

提要

人类相为一体，是船山学一个极具历史超越意义的价值理念。人类相为一体，从根本上说即指人类是一个“同类而生”的命运共同体。这是他总结和开新儒学提炼的一个卓识。儒学又称仁学，因为“仁”是儒学的核心价值，儒学所讨论的基本问题大都是围绕“仁”这个中心展开的。船山既以“类爱”提炼仁的伦理价值，又以“生”提升仁的哲学意义，使孔子之仁具有了更深刻的类爱本性和生命普适意义。仁是人人共有的人生之爱，是人类相通的人性之爱。用仁爱和“仁

生”打造人类命运共同体，这是船山对人类本质的深刻洞见，亦是对人类未来的美好向往。

注释

1. 仁：仁爱。儒学的核心价值。

2. 生理：生之理，即人类生存的道理，生生不息之理。

3. 一体：人类本体共同性。相为一体，意思是说人类是“同类而生”、伦类相通的生命和命运共同体。

人之所以异于禽兽，仁而已矣；中国之所以异于夷狄，仁而已矣；君子之所以异于小人，仁而已矣。……其于人之所以为人，中国之所以为中国，君子之所以为君子，盖将[1]舍是[2]而无以为立人之本，是《易》《诗》[3]《书》[4]《春秋》[5]之实缊[6]也。

出自《船山全书》第4册，第9页，《礼记章句序》

大意

人类之所以不同于动物，是因为有仁德这个根本；中国之所以不同于夷狄，是因为有仁德这个根本；有道德文化的人之所以不同于没道德没文化的人，是因为有仁德这个根本。……这就是人类之所以成为文明人，中国之所以成为文明国家，君子之所以成为文明君子，如果舍弃仁德（文明本质），那么人类就失去了人成为人的根本。仁德是《周易》《诗经》《尚书》《春秋》这些儒家经典的最实质的思想。

提要

船山视道德文明为人类文明自觉的根本标志。中国成为文明国家，人类文明进步，其标志是仁德的确立。仁是人与动物，文明与野蛮的根本区别。仁的实质是道德文明的标志。仁的“实缊”就是让世界充满爱，让人类成为“仁爱”的命运共同体。在船山看来，人类文明进步的根本驱动力是仁的精神和力量。儒学的核心价值和基本精神，就是仁的精神。他不仅以仁爱解说仁的“实缊”，更以“仁生”的理念去拓展仁的“实缊”，让仁充满了创生的力量，成为人类命运共同体的精神根基。

注释

1. 盖将：因为、由于的意思。盖，连词，承接上文，申说原因。
2. 舍是：舍弃这个（指仁）。是，指示代词，这，这个。
3. 《诗》：指《诗经》，我国最早的诗歌总集。先秦称为《诗》，汉代被儒家尊为经典，始称《诗经》。全书分为风、雅、颂三体。
4. 《书》：指《尚书》，我国现存最早的上古典章文献汇编，相传为孔子选编，被儒家列为主要经书之一，也称《书》《书经》。
5. 《春秋》：我国最早的编年体史书，是鲁国官修的历史，记录了公元前722年至公元前481年间的史事。相传曾经过孔子的修订，被儒家列为主要经书之一。据传，解释《春秋》的主要有“左氏”“公羊”“穀梁”三家。
6. 实缊：实质的思想。实，真实，实质。缊，通“蕴”，事理的深奥之处。

盖性[1]者，生之理也。均是人也，则此与生俱有之理[2]，未尝或异；故仁义礼智[3]之理，下愚[4]所不能灭；而声色臭味[5]之欲，上智[6]所不能废，俱可谓之为性。

出自《船山全书》第12册，第128页，《张子正蒙注》卷三

大意

所谓人性，就是人的生命生长的道理。只要是人，从出生开始就具有了人性生成的道理，没人可以例外。所以仁义礼智的道德本性，就是愚昧的人（平民百姓）也不能放弃；声色臭味的物质欲求，就是聪明的人（统治者）也是必需的。道德理性与感性物欲相统一才是完整的人性。

提要

“理欲合性”是船山伦理的基本命题，也是传统伦理

道德的一大创见。船山认为人性包含“理”和“欲”两个基本内容，“理”和“欲”两者有机统一就是人性。他提出“理欲合性”，是对宋明理学的纠偏。宋明理学提出“性即理”，认为只有仁义礼智之理才是人性本质，而人的声色臭味的物质欲求是不能包含在人性之内的。宋明理学只重人的道德理性，而忽视人的感性生命和物欲需求，导致了禁欲主义文化盛行，从而遏制了民族发展的生机和活力。他意识到了这种文化发展的历史偏向，鲜明提出了仁义礼智之理是人性，声色臭味之欲也是人性；前者是人性的理性部分，后者是人性的感性部分。人性生成离不开道德人性和自然人性，理正人德，欲养人生，二者的有机结合才构成完整的人性和人生。船山“理欲合性”思想是传统人性中具有积极意义的理论卓见。他既高扬人的道德理性，又肯定了人的感性生命，这是具有历史进步意义的思想贡献。

注释

1. 性：这里指人性。
2. 与生俱有之理：人一出生就共有的生命本性。
3. 仁义礼智：儒学的四德，是基本道德规范。
4. 下愚：愚昧的人，指平民百姓。这是传统的偏见。
5. 声色臭味：泛指感官需求，这里指物质需求。
6. 上智：聪明的人。这里意指统治者。

天[1]以其阴阳[2]五行[3]之气生人，理即寓[4]焉而凝之为性。故有声色臭味以厚其生，有仁义礼智以正其德，莫非理之所宜[5]。声色臭味，顺其道[6]则与仁义礼智不相悖害[7]，合两者[8]而互为体[9]也。

出自《船山全书》第12册，第121页，《张子正蒙注》卷三

大意

自然天地化生人类用的是阴阳五行之气，化生的道理包孕其中凝聚于人便称之为人性。人性生成，既有声色臭味的物质欲求用来生养人的生命，又有仁义礼智的道德规范来端正人的道德品行，这些都是天理生人所必需的。声色臭味的物质欲求顺应天道生人的基本法则，它与仁义礼智的道德规范并不违背，只有人的物质欲求与道德理性有机统一，相互作用，才能形成人性的本体。

提要

理欲合性是船山的人性论的重要命题，也是传统人性哲学中具有思想启蒙意义的思想命题。他坚决反对宋明理学把人欲排斥在人性之外的片面认识。他认为人性是由仁义礼智的道德属性和声色臭味的物质欲求共同构成的。人性既有道德理性的内容，又有物质欲求的内容，只有二者有机结合，才能形成完整的人性。他以理欲合性去反对禁欲主义。在理欲关系的认识中，极为可贵的是，他既坚决反对禁欲主义，又坚定反对纵欲主义。他反对把人欲天理对立，人是理与欲相互依存、相互作用的有机统一体。欲养人生，理正人欲。没有欲望，就没有人的生命存在；没有理，人就成了纯粹自然之人，人生也就失去了人伦价值和道德意义。在理欲关系中，理是理性的、主导的东西；欲是感性的、基础的东西。在人生中，欲望必须得到满足，但欲望不能横流，禁欲与纵欲都有害人性、人生。人生的完美发展，就是理欲合性，理欲协调。

注释

1. 天：这里指自然。

2. 阴阳：阴阳二气。传统哲学认为阴阳二气是构成宇宙天地的最根本的元素。

3. 五行：指金木水火土。古人认为金木水火土是构成天地万物的基本元素。

4. 寓：寄居，寄托。

5. 宜：适宜，适合。

6. 顺其道：遵循生人之道。

7. 不相悖害：不相违背。

8. 两者：指声色臭味与仁义礼智。

9. 体：本体。

夫性者生理也，日生则日成[1]也。

出自《船山全书》第2册，第299页，《尚书引义》卷三

大意

人性是人的生之理。人生每天都在生长，人性每天都在形成。

提要

船山反对先天人性论，主张人性是后天形成的。先天人性论有孟子的“性善论”，荀子的“性恶论”，以及宋儒“初生之顷”受性于天的“先天论”，他力主的是“性日生日成”，人虽然有先天的禀赋（天命），但还不等于说人先天就有了人性，这种先天禀赋只是为人性的后天生成提供了一种可能性，人性的生成只有在后天的生命活动中，随着生命的成长而不断生长生成。人性善恶不是先天存在的，而是后天决定的。如果人在后天成长中，受善的影响多、影响大，那么人性的生长就会向善的方向发展；如果人性生长受恶的影响多、影响大，那么人性生长就会向恶的方向发展。

所以船山又提出“继善成性”的观点，力主人在生命活动和社会实践中，不断择善而为，继善而成，使人性生成日臻于善。

注释

1. 日成：每天生成。成，成为，成长。

继[1]之则善[2]矣，不继则不善矣。天无所不继，故善不穷；人有所不继，则恶[3]兴焉。

出自《船山全书》第1册，第1008页，《周易外传》卷五

大意

相继才会有美好的存在，不相继就不会有美好的存在。上天化生万物涵泳万物生长，所以美好的事物层出不穷；人类如果不能持续发展，那么丑恶就会产生。

提要

船山“继善成性”，是对《周易》“继道”思想的发展。《易传》有“一阴一阳之谓道，继之者善，成之者性”。继天之善而为人之善，继天之善性而为人之善性。善是人伦道德之善，天原本无善恶，但古人视天化生万物为天之善性。人在“继善”中能发挥主观能动性，继承天道化生规律而为人道，这就是善。他从自然化生出发，推演出人伦成性。他认为善

的本源是对整个宇宙生命来说的，天地万物均依自然天道而生，天地万物顺道而生都可视为天道之善，这是“阴阳相继”之善。人“继”天道而生，“继”与“不继”在人而不在天，人只有在“继”的过程中成性为善。船山“继善成性”，有两层意思，一是继宇宙化生之善，让人在“阴阳相继”中有一个康健的自然生命体；另一方面，继养人道所有的仁义礼智之性，让人有一个道德的理性生命，这是人类为善的价值所在。唯有不断“继善成性”，人的自然感性生命与道德理性生命才能不断完善。船山反对人性先天生成，主张人性的后天发展。人性后天发展，有可能为善，也有可能为恶，人性是善是恶，人性为善为恶，不在人性先天规定上，而在于后天人生过程中能不能去“继善”。

注释

1. 继：相继，继续。这里指人类主体的实践能动性。
2. 善：善良、美好。
3. 恶：丑恶，与善相对。

人欲[1]之各得[2]，即天理之大同[3]；天理之大同，无人欲之或异[4]。

出自《船山全书》第6册，第639页，《读四书大全说》卷四

大意

人的物质生活欲求能满足每个人的需要，那就是天地真理所体现的各取所需、天下为公的美好世界。天地真理所体现的大同世界，人们的需求得到充分满足是没有差异的。

提要

天下大同，是中国人几千年来对未来美好社会的一种向往。船山对天下大同的认识理解，体现了时代新意。什么是天理？人欲即天理。什么是天下大同？天下每个人的人欲得到充分的满足，就是大同世界。他以人欲的各取所需，人欲的“各得”实现，来概说大同世界，这是极具思想解放意义的。船山对人欲的重视，代表了儒学的人学发展的积极方向，船山高扬人欲的本质在于人的解放。

注释

1. 人欲：人的物质生活欲求。

2. 各得：每个人得到满足。

3. 大同：天下为公，人人自由平等的社会理想，是儒家的理想社会。

4. 或异：差异、不一样。

随处见人欲，即随处见天理。

出自《船山全书》第6册，第912页，《读四书大全说》卷八

大意

社会人生的方方面面都显现出人们对物质生活的欲求，这也就是说在社会人生各方面都体现出天道生人的真理。

提要

人欲即为天理，是船山的一个重要思想命题。他认为人欲是人之所以为人的基本物质需求，人欲的满足就是天理的表现，这是船山对人欲与天理关系的基本认识。他所言人欲有两层意思：一是人的生命生理欲求，是“声色臭味”“饮食男女”的生理欲求，这是人性本能，是人人皆有的生命欲望和需求；二是人的物质利益欲求（利欲），是“货利、权势、事功”的利益追求，是人生存和发展必需的社会生活条件。船山讲“人欲即为天理”，是在讲天理的本质在于“生人”，人类的生存发展是最大的天理。他突出了中国文化中的人本

价值。人本价值是最高价值。宋明理学将天理与人欲截然对立，认为存天理就必须去人欲。他对宋明理学禁欲主义天理观予以批判改造，把抽象的天理落实到社会人生层面，实现了人欲与天理的有机统一。船山的“人欲即为天理”的观点，是具有历史超越意义的，其实质就是人的解放。我们今天的改革开放，从某种意义上讲，就是从解放人欲开始的，人欲的解放从根本上解放了社会生产力。

天下之公欲[1]，即理也；人人之独得[2]，即公也。

出自《船山全书》第12册，第191页，《张子正蒙注》卷四

大意

天下人共同的物质生活欲求，就是天理。每个人的生活需要得到满足，这就是天下的公理。

提要

船山的人欲有二重含义，一是“人之独得”的私欲，一是天下人共同欲求的公欲。关于私欲与公欲的关系，散见于其诸多著述中，有时讲得有些矛盾。但整体上看，人欲无论公私，他首先肯定人欲的合理性，人欲是天理生人的物质前提和基础，没有人欲也就没有天理可言；所以是“私欲之中，天理所寓”；其次，只有让每个人的人欲得到充分满足，这才是“公欲”，才是公理，公欲才是真正的天理；再次，人欲的普遍实现，就是天下大同，这才是公理、天理的最终目标。

注释

1. 公欲：天下人普遍、共同的物质欲求。

2. 独得：个人需求。

以我自爱之心，而为爱人之理，我与人同乎其情也，则[1]亦同乎其道也。人欲之大公[2]，即天理之至正[3]矣。

出自《船山全书》第7册，第137页，《四书训义》卷三

大意

用珍爱自己的心态去珍爱他人的道理是相通的。我与他人有相同的人性人情需求，便也相通在人道本质上。人的生命欲求是伟大的公理，也就是天道法则呈现的最大公正。

提要

自爱是仁爱的基本要义。像爱自己一样去爱他人，去爱人类，这是船山对仁爱的基本理解。人是社会关系的存在，孔子以“仁”确立人的社会本质。船山对孔子之“仁”予以新的解说，以“仁生”和“人类一体之爱”来论证仁爱的根本价值与意义。他对现实人生是充满期望的，对未来社会更

是充满期许的。他相信“仁及天下”是人类社会的终极目标，这个目标也是“天下大公”的理想社会。要实现这个目标，自爱是前提，爱人是目的。无论是自爱，还是爱人，都离不开生命的基础——人欲。因此，人欲的满足与实现，也就是“仁生”的根本价值所在。船山把人欲看作是“大公”所在，看作是最高的“天理”，这的确是船山超越传统的卓识。

注释

1. 则：连词，表示因果关系。就，便。
2. 大公：普遍的公正。公，公正。
3. 至正：最为公正。至，极，最。

孟子[1]所言之王政，天理也，无非人情也。人情之通天下而一理[2]者，即天理也。

出自《船山全书》第8册，第120页，《四书训义》卷二十六

大意

孟子所说的王道仁政，是可以推行天下的真理。这个真理，也就是人类的情感欲求。人的情感欲求为天下人所共有，这是普遍的道理，也就是所谓天理了。

提要

这是船山对于理欲关系的另一种说法。他讲“人欲即为天理”，把人欲看作是一种天理。在这里，他进一步发挥了“人欲即为天理”的说法，认为人情也是一种天理。从广义上讲，人情与人欲相通，人情也是人欲。船山通过评说孟子的仁政来发挥自己的见解。他认为孟子所倡导的王道仁政，是天理的表现。孟子的王道仁政为何是天理呢？其根本在于天理生人这个本源上。天理生人，也就是人的普遍的情欲，这是人

人都有的，人人必需的，是人类社会生存和发展的基础。什么东西能成为天下普遍的需求？就是人的情欲，这就是贯通天下的根本法则（一理），是任何人任何时候也不能违背的真理。

注释

1. 孟子：孟子（约前 372—前 289），先秦思想家、政治家、教育家。《孟子》一书，为孟子及其弟子万章等著，书中记载了孟子及其弟子的思想观点和政治活动。

2. 一理：统一、普通的规律。

立人之道[1]曰义，生人[2]之用[3]曰利[4]。出义入利，人道不立；出利入害[5]，人用不生。

出自《船山全书》第 2 册，第 277 页，《尚书引义》卷二

大意

确立人生价值取向的是道义原则，满足人类生存发展的东西是物质利益。离开道义原则去追求物质利益，人生正确的价值取向不会确立；离开物质利益也会有害人生，物质基础缺失影响人之生存发展。

提要

同理欲关系一样，船山主张义利统一、义利协调发展。

所谓义，一般是指道义原则，人的理性追求；所谓利，一般是指物质利益，人的物质功利追求。中国传统文化注重义利之辨。孔子说："君子喻于义，小人喻于利。"（《论语·里仁篇》）从此义与利分离为两端，难以相容，也成为君子与小人不同的价值追求。孟子接着讲："何必曰

利，亦有仁义而已矣。”（《孟子·梁惠王章句上》）汉儒董仲舒又说：“正其谊（义）不谋其利，明其道不计其功。”（《汉书·董仲舒传》）宋明理学更是严明“义利之辨”，视义利互相对立，朱熹更是把义利之辨推为“儒者第一义”。儒学有一种偏向，似乎讲“利”，是小人亡国的祸根；讲“义”，才是君子兴盛家国的根本。

船山对儒学发展的纠偏，在义利关系上下了不少功夫。他认为义与利就像理与欲一样，是人生不可或缺的两个方面。人离不开义，人也需要利。人不能为存天理而灭人欲，人也不可为求义而去利。唯有义利协调、义利统一，人生和社会才能健康发展。他对义利关系的认识作出了具有时代新意的理论贡献。他注重人生的功利性和超功利性的统一，注重道德价值和物质利益的有机统一。尤为可贵的是，船山认为“义”也是一种“利”，就像人欲即为天理，人人所追求的利益，也正是民生大义，是天理所在。船山义利协调思想，对我们今天现实生活仍有积极的借鉴意义。

注释

1. 道：这里指人的价值标准。立人之道，确立人的价值标准。
2. 生人：人的生存发展。
3. 用：生活所需。
4. 利：利益，这里指物质利益。
5. 害：灾害、祸害。

古人云，读书须要识字，一字为万字之本，识得此字，六经总括在内。一字者何？孝是也。

出自《船山全书》第15册，第146页，《姜斋文集》卷四

大意

古人说，读书必须从认识字开始。有一个字是所有文字的根本。认识这个字的意义，儒家经典所概括的道德要义都包含这个字中。这是一个什么字？就是“孝”字。

提要

以“孝”总括六经要义，是船山对中国人伦文化的根本认识。儒家文化的核心价值是仁，仁是人与人之间的亲和关系，仁爱关系。仁爱天下必须从仁爱亲人、仁爱家庭开始。仁道在家庭层面的展开就是孝道。从这个意义上说，孝道的实现就是仁的价值所在。他提倡人从读书识字开始，就要认识孝道的意义和价值。他认为孝是中国道德文化的根本，中国人的道德是从孝开始的。

君子以所贵[1]于智[2]者，自知[3]也，知人[4]也，知天[5]也。至于知天而难矣，然而非知天则不足以知人，非知人则不足以自知。

出自《船山全书》第10册，第540页，《读通鉴论》卷十四

大意

君子之所以看重智德，是为了认识自己，认识他人和社会，认识自然世界。人们认识自然世界有一定困难，但是不去认识自然世界就不能充分认识人，不充分认识人就不能充分认识自己。

提要

“智”是儒家“仁义礼智信”五德中一德，也称智德。船山认为智德是成为君子的重要品德。他推崇智慧和知识，主张“智统四德”（《周易外传》卷一），认为智德是其他一切德性的基础。人的生存发展离不开智德。他把智德内容

概括为“知天”“知人”和“自知”三个方面。“知天”是对外部自然世界的认识，“知人”是对他人和社会的认识，“自知”是对自我的认识。这三种认识即是对人与自然、人与人、人与自我三种基本关系的认识。这三种关系是相互联系、互相贯通的。人是通过认识外部自然世界来认识人类社会关系的，又是通过认识他人和社会来认识自己的。人不可能脱离他人、社会和自然来认识人，来认识自己。人为什么能认识自我，认识他人和社会，认识自然世界，因为人能够从“知天”“知人”“自知”的相互关系中去认识彼此。把握好“知天”“知人”“自知”三者关系，这就是认识世界的知识，就是把握人生的智慧，也就是君子看重的智德。实际上，船山主张知识就是美德，智慧即为至善。

注释

1. 贵：重要，地位显要。
2. 智：指智德，包含智慧和知识。
3. 自知：自我认识。知，这里指认识。
4. 知人：对他人和社会的认识。
5. 知天：对自然世界的认识。

曰“衣食足而后廉耻兴，财物阜而后礼乐作[1]”，是执末以求其本也。执末以求其本，非即忘本也，而遗本趋末者托焉。故曰“衣食足而后廉耻兴，财物阜而后礼乐作”，管[2]、商[3]之托辞[4]也。夫末者，以资[5]本之用者也，而非待[6]末而后有本也。待其足而后有廉耻，待其阜而后有礼乐，则先乎此者无有矣。无有之，姑且置之，可以得利者无不为也，于是廉耻刓[7]而礼乐之实丧。

出自《船山全书》第3册，第394页，《诗广传》卷三

大意

有人说“衣食物欲满足了人的道德才会兴盛，物质财富丰盛了精神文明才会兴起”，这种说法是依据次要

的去寻求根本。依据次要的去寻求根本，并不是忘掉根本，而是丢弃了根本去寻求次要的那些人的借口罢了。所以说“衣食物欲满足了人的道德才会兴盛，物质财富丰盛了文明才会兴起”的说法，只不过是管仲、商鞅的假托之词。次要的东西，是凭借根本去具体应用的东西，而不是依靠次要的才会有根本。等待衣食物欲满足后才去重视道德建设，等待物质财富丰盛后才去发展道德文明，那么这种先推行（物质生产）的做法是行不通的。行不通，还要勉强推行，只有那些追逐物质利益的人会去干，这样做的结果就是人的廉耻道德丢失了，社会道德文明的实质也就丧失了。

提要

关于道德文明（精神文明）与物质文明的关系，古人有过许多论述。其中管子的说法很有代表性。管子曾提出：“仓廪实则知礼节，衣食足则知荣辱。”（《管子·牧民》）管子最早提出道德文明要以物质文明为基础。离开物质文明，道德文明是无法实现的，管子这一见解，长期为后人视为至理名言，无人异议。但船山不囿旧说，认为管子的说法有片面性。他认为管子只看到了物质文明对道德文明的决定作用，而没有看到道德文明对物质文明的反作用。管子把物质生产绝对化了，是形而上学。船山认为不能因为重视物质文明的基础作用而忽视道德文明的导向作用；不能等到物质文明高度发展了，才去抓道德文明，那社会发展就会失衡。因此，“廉耻”“礼乐”这些道德文明建设应该先于“衣食足”“财物阜”的物质文明建设，也就是说社会发展，要在衣食未足、财富未阜的时候，就开始进行道德教育，而不能等到物质文明充分发展了再去抓道德教育。

船山重视道德建设的思想是值得我们借鉴的。儒家讲德教为本，忽视物质利益和物质生产，有其历史局限性。

注释

1.“衣食足而后廉耻兴，财物阜而后礼乐作”，引用管仲、商鞅的说法，意思是说衣食物欲得到满足，人的道德才会兴盛，物质财富丰盛了，精神文明才会兴起。船山认为这种说法是片面的。

2. 管：管仲（？—前 645），先秦政治家。字仲，名夷吾。有《管子》存世。

3. 商：商鞅（约前 390—前 338）先秦政治家。卫国人。公孙氏，名鞅，亦称卫鞅。商鞅先后两次变法，奠定了秦国富强的基础，史称“商鞅变法”。商鞅因战功封商（今陕西丹凤西北）、於（今河南西峡境）十五邑，号商君，故称商鞅。商鞅认为追求名利是人的本性，主张以农为本，发展经济。

4. 托辞：借口。

5. 资：凭借、依靠。

6. 待：依靠、依赖。

7. 刓（wán）：损耗、损伤。

宁[1]为无定[2]之言，不敢执一[3]以贼[4]道[5]。

出自《船山全书》第10册，第1181页，《读通鉴论》卷末

大意

宁愿发表不确定的言论，也不能固执于片面认识而损害真理。

提要

人类对真理的探索，是永无止境的。人的真知求索过程，不可能一蹴而就；世界是复杂多变的，人对世界的认识也是复杂多变的。人们对真知求索，是一个实践——认识——再实践——再认识的不断反复的过程，所以在求知过程中，人的认识不能简单化，更不能片面化，在没有认清复杂事物和事物变化复杂性之前，不要过早下定论，更不可固执己见否定科学真理。

注释

1. 宁：宁可、宁愿。

2. 无定：不能确定。

3. 执一：固执于片面的认识。一，这里指片面。

4. 贼：害，损害。

5. 道：指真理。

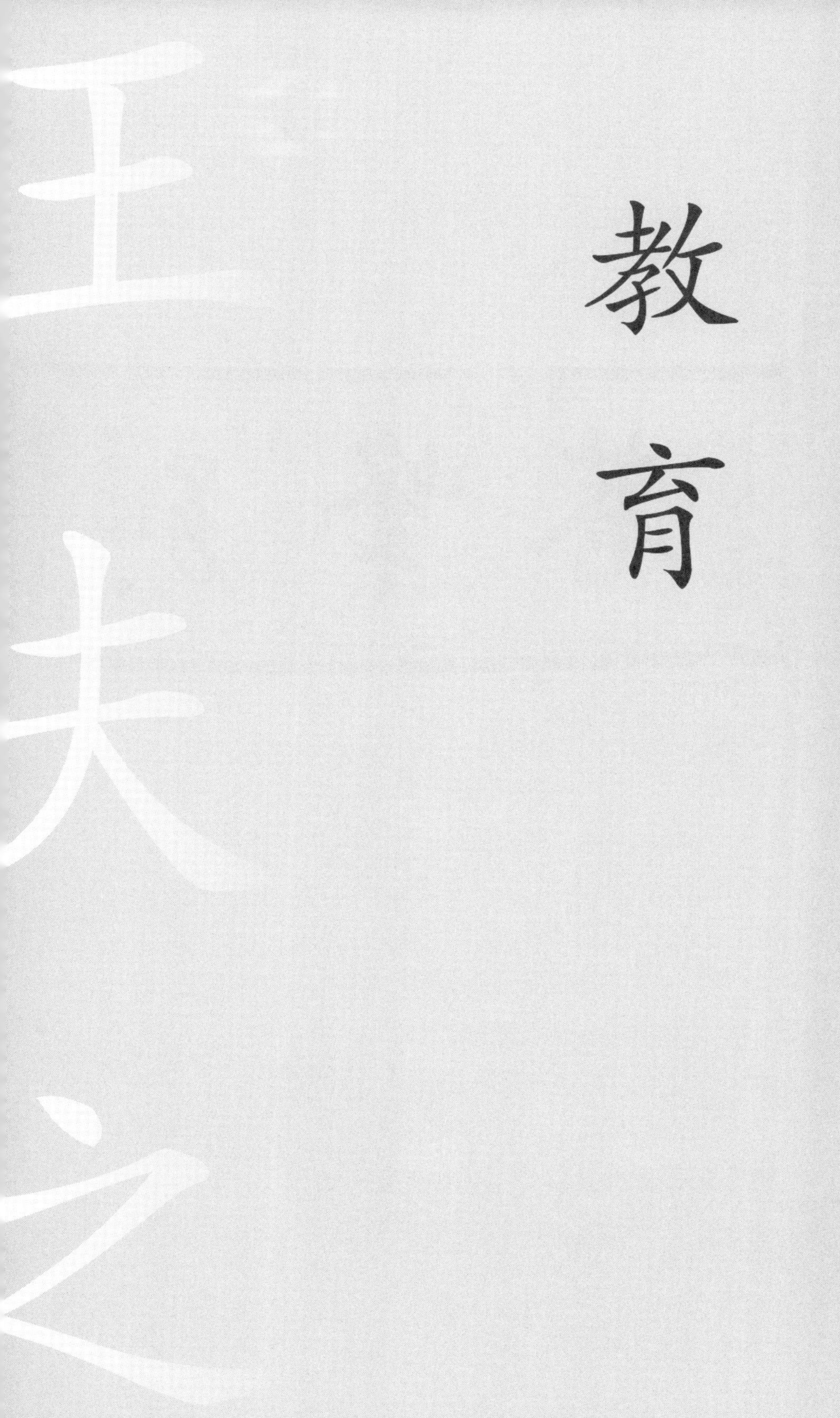

教育

王夫之题“别峰庵”

显真理[1]以破妄说[2]。

出自《船山全书》第 6 册，第 1009 页，《读四书大全说》卷九

大意

显现真实的道理以破除荒谬的学说。

提要

船山认为人们为学的目的在于“求真知”。为学求知是人生必修课。人生需要学习的东西很多，面对的有各种各样的学问，既有“真知”之学，也有“虚幻”之学，还有“妄说”“邪说”。“真知”之学，培养君子；“妄说”“邪说”则害风俗、坏人心，甚至毁家亡国。所以为学一定要破除异学、妄说的危害，追求“真知”之学。

注释

1. 真理：真实的道理。今人指对客观事物及其规律的正确认识。
2. 妄说：荒谬的学说。

尧舜之道[1]，人皆可学，亦为之而已矣。

出自《船山全书》第10册，第838页，《读通鉴论》卷二十二

大意

尧帝和舜帝以德教育人立国，人人都可以向他们学习，只要努力去做，就可以成为他们那样具有美德的人。

提要

船山倡导人性平等，人通过教育可以改变自己的命运。人只要努力，就可以把握自己的命运，成为像尧舜那样的伟人。这说明帝王与普通人一样，在人性本质上都是平等的。帝王之位不是先天命定的，普通人的地位也不是命中注定的。人要改变命运，关键在于自己后天的努力。

注释

1. 道：这里指尧舜以德教树人的原则。

人皆可以作[1]圣[2]。

出自《船山全书》第7册，第519页，《四书训义》卷十一

大意

人们（经过努力）都可以成为道德高尚、技艺高超的人。

提要

圣贤之德是中国传统文化中最高的理想人格。历代儒家都有崇奉圣贤的文化传统。船山是“正学为本”的天地大儒，他的圣贤情结根深蒂固。他不同于以往儒者，儒者一般认为圣贤是可望而不可即的极少数伟人，人们要向圣贤学习，但众人不可能成为圣贤。船山对理想人格的认知，却有自己的独识。他认为人在人性本质上是平等的，人并非天生就存在差别或等级，人可以“造命”改变自己的命运，所以船山既讲“尧舜之道，人皆可学”，又讲“人皆可以作圣”。他认为人只要努力学习，努力奋斗，都有成为圣贤的可能。

注释

1. 作："成为"之意。

2. 圣：具有最高道德和智慧的人，或指具有极高超学问、技艺的人。

君子之所以为君子者，学而已矣。

出自《船山全书》第7册，第270页，《四书训义》卷五

大意

要成为君子这样有德有才的人，只有努力学习才做得到。

提要

君子人格是中国传统文化提倡的德才兼备的典型理想人格。儒学传统极重理想人格的培养，理想人格主要有圣贤人格和君子人格。圣贤人格是极少数人才能成就的，君子人格是社会具有普遍意义的人格目标。船山极为重视君子人格的培养，他认为人人成为君子，是文明社会的一个基本标志。有道德、有文化、有理想、有担当，是船山对君子人格的基本规定。人要学会做人，就是要做君子，而不做小人。人要成为君子，就要努力学习，学习是成为君子的基本途径。

壁立[1]万仞[2]，止[3]争一线[4]。

出自《船山全书》第12册，第478—479页，《俟解》

大意

（君子志向高远）像山峰一样高耸入云，与天争高。

提要

人的自我塑造，在人的一生中十分重要。船山重立志。立志，就是确立坚定的人生志向，确立基本的价值取向，做一个有道德、有担当的人。真正的君子，是超越流俗、超越个人得失，树立道德自我，提升精神境界，卓立天地之间有浩然正气的人。

注释

1. 壁立：像绝壁一样高耸。
2. 万仞：形容山峰高耸。仞，古代长度单位，八尺或七尺为一仞。
3. 止：副词，仅，只。
4. 一线：一线天。

盖王者之治天下，不外乎政[1]教[2]之二端，语[3]其本[4]末[5]，则教本也，政末也；语其先后，则政立而后教可施焉。

出自《船山全书》第4册，第334页，《礼记章句》卷五

大意

帝王治理国家，不过行政和教育两件大事。要说它们的本末关系，那么教育是根本，行政是末梢。要说它们的先后顺序，那么行政体系建立之后，教育才能得以实施。

提要

儒家以德教为本，船山承继发展了这一思想。船山认识到教育的目的，在于教化人心，以德立人。人不立，国何以立？所以教育是治国的根本。所谓“根本”，是从人心这个根本上讲的，是从人的道德本根上讲的。因此，教育是关系王朝兴亡、国家盛衰的千秋大业。船山认为善政得民财、厚民生；德教得民心、齐人心。所谓“修道”，也就是修身之道，也

就是国家治理之道。人生修为、社会发展之道重在教育。

注释

1. 政：行政。
2. 教：教育，教化。
3. 语：说，谈论。
4. 本：根本，主要的、基础的东西。
5. 末：非根本的，不重要的事。

而教[1]衰于上[2]，学[3]废于下[4]，人丧其质[5]，以趋于私利变诈之习[6]。……惟人有可尽之能[7]者，学也。……故曰，人之所以为人，非徒质也，文[8]也。学以尽文而善[9]其质，斯人事[10]尽而天理全[11]也。

出自《船山全书》第7册，第781页，《四书训义》卷十八

大意

如果教育衰落在上层执政者，学校荒废在下层民间，人们就会丧失其本质，以至于社会逐渐形成追逐个人利益与狡诈的坏风气。……只有人具备改造世界的主观能力，这是通过学习实现的。……所以说，人之所以能够成为文明人，不只是人有人伦本质，更因为有文化。学习可以竭尽文化的作用，且让人的本质向好的方向发展，这也是做事竭尽所能并且保全天地真理之道。

提要

重视教育和学习，是船山的固民强国之道。

教育的兴衰与执政者重视程度直接相关。如果执政者重视教育，那么学校就会兴旺，人们学习文化就会形成社会风气；反之，执政者忽视教育，学校就会衰败，人们就会不好学习而形成自私自利的恶习，从而造成不良的社会风气。船山认为，教育的目的，在于用文化教育人，用文化塑造人。如果人不接受教育，不好好学习，就只是具有自然本性的人，还不能成为真正意义上的文明人。人要成为文明人，就是要学好文化，用文化知识提升素质，用文化知识塑造为善本质。所以，办好教育，重视学习，是家国兴盛的一个重要标志。

注释

1. 教：教育。
2. 上：位置在高处的，与“下”相对。这里指统治者、执政者。
3. 学：学校。后文“学也”“学以尽文”之“学”，指学习。
4. 下：位置在低处的，与“上”相对。这里指民间、民众。
5. 质：人伦本质。
6. 趋于私利变诈之习：逐渐形成追求个人利益与狡诈的坏风气。变诈，机变诡诈。习，习气、风气。
7. 可尽之能：指人可以培养、塑造的主观能力。
8. 文：文化。
9. 善：美好。这里作动词用，使美好，修治。
10. 人事：人之所为，人力所能及之事。
11. 全：完整、完备、完美。

学者之于道[1]，知[2]之非艰，行[3]之维艰。知而不行，犹无知也。

出自《船山全书》第7册，第408页，《四书训义》卷九

大意

求学的人在学习过程中，学习书本知识并不困难，难的是把书本知识应用于实践。学习书本知识而不去实践，好像没有学到知识一样。

提要

学习的过程，就是知与行相互作用的过程。对于知行关系，船山尤为重视行的作用。他认为学习书本知识十分重要，但学习的目的不是为知而知，而是为行而知，也就是说学习不能只局限在书本上。知的目的在于行，学习的目的在于实践。如果只学习书本知识，而不去实践中应用，这种书本知识对社会对人生也没有任何价值。船山学习知识重在实践的思想对于我们今天打造学习型人生仍有启发作用。

注释

1. 道：道路，途径。这里指学习的途径。

2. 知：知道，懂得。

3. 行：做，实施。

由不疑[1]至于疑，为学日长[2]；由疑至于不疑，为道[3]日固。疑者，非疑道也，疑言道者之不与道相当也。不疑者，非闻道在是而坚持之也，审之微[4]，履之安[5]，至于临事[6]而勿容再疑也。

出自《船山全书》第 3 册，第 441 页，《诗广传》卷四

大意

（学习中）从没有疑问到发现问题，产生新的疑问，这样去学习，每天就会进步；再从有疑问到解决问题，以至不再产生疑问，这说明对事物本质规律有了深刻的认识和把握。提出疑问，不是怀疑事物的道理，而是怀疑解说它的理论不能与事物道理相一致。没有疑问，并不是一听到别人说的事物的道理便坚信不疑，而是仔细审查它，切实地践行它，从而在处理各种实际问题时不再迟疑。

提要

学习是由“不疑”到“疑”再到“不疑”的过程。学以至疑与学以至思是一致的。人在学习中要有独立思考和大胆质疑的精神。“疑”是发现问题、获得真知的重要学习方法。船山提出“由不疑至于疑”，“由疑至于不疑”，是讲要把书本知识运用于解决实际问题，要在实践中不断发现问题和解决问题。他主张人的学习，既要学习书本知识，更要实践，在实践中学习，学以致用，只有理论与实践、书本与实际结合，才是为学为道获取真知的方法。

注释

1. 疑：怀疑，疑问。
2. 长：生长，增长。这里指进步。
3. 道：道路。引申为规律、道理、道义。
4. 审之微：仔细审查精微之处。
5. 履之安：从容地践行。
6. 临事：面对实际情况。

致知[1]之途有二：曰学，曰思。学则不恃[2]己之聪明，而一唯[3]先觉之是效；思则不徇[4]古人之陈迹，而任[5]吾警悟[6]之灵。乃二者不可偏废，而必相资[7]以为功[8]。

出自《船山全书》第7册，第301页，《四书训义》卷六

大意

获取知识的途径有二：一是学习，二是思考。学习不要一味依赖自己的聪明天资，而要遵循先觉者的教诲；思考不要一味寻求古人的足迹，而要凭借自己机敏的悟性。学习与思考，二者不能偏废，一定要互相支持，发挥各自的功用。

提要

“致知”是儒家修身的基本方法。所谓“致知”，也就是获取知识，认识世界，去正心成性。船山认为学习和思考

是获取知识的两种基本方法。学习不是死读书、读死书，学习要善于发挥天资作用，但不可依赖天资而放松学习；学习要善于思考，不能人云亦云，跟在古人后面亦步亦趋。只有在学习中独立思考，在思考中认真学习，学习与思考相互促进，才能不断释疑解惑，获得真知。

注释

1. 致知：获取知识。
2. 恃：依赖、凭借。
3. 一唯：唯独、只有。
4. 徇：曲从。
5. 任：凭借、依仗。
6. 警悟：机敏的悟性。
7. 相资：互相支持。
8. 功：功用、功效。

学非有碍于思，而学愈博则思愈远；思正有功于学，而思之困则学必勤。

出自《船山全书》第7册，第302页，《四书训义》卷六

大意

学习并不妨碍思考，学习愈是广博，那么思考就会更加深远；思考对学习大有裨益，思考陷入困境，那么学习一定会更加勤奋努力。

提要

学习和思考二者不可偏废，二者互为补充，相得益彰。努力学习有利于思考，认真思考有助于学习。人只要努力学习，认真思考，就会不断取得进步。

学成于聚[1]，新故相资[2]而新其故；思得于永[3]，微显[4]相次[5]而显察[6]于微。

出自《船山全书》第 1 册，第 1008 页，《周易外传》卷五

大意

学习在于不断积累知识，新的知识与旧的知识相互作用，就会使旧的知识得到更新；思考得益于长久考虑问题，明显的道理与细微的道理通过观察入微而显现无余。

提要

学习的过程，是一个知识不断积累的过程，也是一个不断思考问题、解决问题的过程。难能可贵的是，船山看到新知与旧知的辩证关系。知识发展是新知与旧知相互作用，新知不断创新旧知的过程。“新故相资而新其故”，不仅是人的学习，人生的方方面面，社会历史的方方面面，何尝不是立足传统去创新发展。

注释

1. 聚：积聚、积存。

2. 相资：相互凭借。资，凭借，资助。

3. 永：长久。

4. 微显：细微的与明显的（道理）。微，细小，细微。显，明显，显著。

5. 相次：依次。

6. 察：观察，明辨。

实则[1]学[2]之弗能，则急须辨[3]；问[4]之弗知，则急须思；思之弗得，则又须学；辨之弗明，仍须问；行[5]之弗笃[6]，则当更以学问思辨养其力；而方学问思辨之时，遇著当行，便一力[7]急于行去，不可曰吾学问思辨之不至，而俟[8]之异日。

若论五者第一不容缓，则莫如[9]行。

出自《船山全书》第 6 册，第 536 页，《读四书大全说》卷三

大意

实际上，书本学习还不能学到真知，所以就要努力去辨析；提出问题而不了解，就要努力去思考；思考仍然不能解决问题，就必须深入学习；辨析问题不明白，就必须提出疑问；践行学习落不到实处，就更要通过读书、问难、思考、辨析培养人的学习能力。如在读书、问难、思考、辨析的学习过

程中，遇到了应当践行的，就应该努力去践行，不可以说我学习思辨的能力还不够，要等到他日（学成后再来解决问题）。

如果要讨论这五者（学问思辨行）谁列首位，毋庸置疑，那就是学习中的践行。

提要

书本学习有几种方法，即读书、问难、思考、辨析。读书需要问难，问难需要思考，思考需要认真辨析，但无论怎样学、怎样问、怎样思、怎样辨，都只是书斋里的求知方法。如此学习，学不到真知。船山认为"学问思辨"的目的在于"行"，主张在实践中学习，到实践中去求真知，把书本知识与实践运用结合起来。船山重视实践的学习观，对我们今人而言，仍有很强的现实意义。

注释

1. 实则：实际上，其实。
2. 学：指读书，学习书本知识。
3. 辨：区别，辨析。
4. 问：问难。这是古人的一种学习方法。
5. 行：做，践行，实行。
6. 笃：实，忠实。
7. 一力：着力，用力。
8. 俟：等待。
9. 莫如：不如。

汉之伪儒，诡[1]其文而昧[2]其真，其淫[3]于异端也，巫史[4]也，其效亦既章章[5]矣。近世[6]小人之窃儒[7]者，不淫于鬼[8]而淫于释[9]。……小人无惮之儒，害风俗以陆沈[10]天下，祸烈于蛇龙猛兽，而幸[11]逸[12]其诛。有心者能勿伸斧钺[13]于定论[14]乎？

出自《船山全书》第10册，第203页，《读通鉴论》卷五

大意

汉代那些伪装的儒学者，以怪异的言论欺骗世人，蒙蔽真理；他们沉溺在异端邪说，与装神弄鬼的神学没有区别，邪说流行对社会造成的恶劣影响已是有目共睹了。明代那些盗取儒者名号的小人，虽然没有沉溺于鬼神，却沉溺于佛学。……这些狂妄无忌地披着儒学外衣的人，败坏社会风气，致使国家沦亡。他们造成的祸害比毒蛇猛兽厉害得多，却侥

幸逃脱了历史的惩罚。关心国家兴亡的人，怎么能不痛斥异端邪说，张扬正学呢？

提要

船山一生追求正学，批判异端邪说，目的就在于用正学引导人民、教育人民。他认为，文化发展和思想教育的偏向，最终会酿成国家败亡的恶果。这是船山总结历史教训得出的一个深刻的结论。在他的著述中，有一条清晰的思想主线，儒家正学是华夏民族兴盛的文化根本。国家兴亡除了政治、经济、军事原因外，还有着深刻的文化和教育动因。这是船山史论的独识。他指出，汉代败亡，从思想文化上看，是儒学走进了神学的死胡同；明代的败亡，在思想文化上比汉代更极端，儒学走向以释为儒的死胡同，是“异学贼道”导致了明朝灭亡。船山如此看重思想文化对国家兴亡的重要影响，这在中国思想史上是无人企及的。

注释

1. 诡：欺诈，怪异。
2. 昧：掩盖，蒙蔽。
3. 淫：沉溺，流入。
4. 巫史：指鼓吹神学或邪说的人物。巫，从事求神占卜活动的人，史，掌管天文、星象、历数的人，合称“巫史”。
5. 章章：繁盛或明显的样子。
6. 近世：指明代。
7. 窃儒：伪装成儒者。

8. 鬼：鬼神邪说。

9. 释：佛教创始人为释迦牟尼，所以佛教简称“释”。

10. 陆沈：“沈”通“沉”。陆沉，意为国土沉沦，喻亡国。

11. 幸：侥幸。

12. 逸：逃脱。

13. 斧钺（yuè）：斧和钺，古代行刑的工具。这里引申为批判邪说的利器。

14. 定论：结论。

无忌惮[1]之教[2]立，而廉耻[3]丧，盗贼兴，中国沦没……陆子静[4]出而宋亡。

出自《船山全书》第 12 册，第 371 页，《张子正蒙注》卷九

大意

狂妄的邪说盛行，社会的道德丧失，强盗小偷猖獗，国家行将灭亡……陆九渊的心学出现导致了宋朝灭亡。

提要

船山一生追求儒家正学，反对伪儒邪说。他认为国家的兴盛，需要强有力的理论思想引导。好的理论和思想文化可以引导国家兴盛，坏的理论和思想文化则会导致国家败亡。把一种理论和思想文化看作是国家兴衰的思想根源，这是他的独识。正因为有这个认识，他才用毕生心血批判总结传统文化，正学明道，救世救心，力企开出儒学生面。总结中国历史，他强烈意识到邪教邪说不仅败坏了人心，更导致国家败亡。陆王心学的出现，导致了宋朝、明朝的灭亡。把宋朝、明朝败亡的根源，归结为陆王心学，这是他片面却深刻的见

解。船山毕竟站在他那个时代的历史高度，看到了思想文化的力量，看到了理论的力量。国家的兴盛，从根本上说是文化的兴盛。

注释

1. 忌惮：因顾忌而畏惧。忌，顾忌；惮，怕，畏惧。

2. 教：教育，教化。这里指主导教化的思想、学说、理论。

3. 廉耻：泛指道德。廉，廉洁，不贪；耻，羞愧，耻辱。

4. 陆子静：陆九渊（1139—1193），南宋大儒。字子静，抚州金溪（今属江西）人。曾结庐讲学于象山，人称“象山先生”。他是理学的“心学”创始人，提出“心即理”，理在人心，“宇宙便是吾心，吾心便是宇宙”。治学主张“发明本心”。他的学说后由王阳明发展，形成陆王学派。

（岳麓书社本原文为：“陆子静出而蒙古兴，其流祸一也。”“草堂本”以下至“中华本”均作“陆子静出而宋亡”。依“中华本”。——编者注）

与君子处，则好君子之好[1]，恶君子之恶[2]。与小人处，则好小人之好[3]，恶小人之恶[4]。又下[5]而与流俗顽鄙者[6]处，则亦随之以好恶矣。

出自《船山全书》第12册，第490页，《俟解》

大意

人们与君子相处，其喜好就像君子一样，其憎恶也会像君子一样；人们与小人相处，其喜好就会像小人一样，其憎恶也会像小人一样。如果人们再与低级下流的人在一起，那他们的喜好、憎恶也会和这种人的喜好、憎恶一样。

提要

人是社会关系的存在。人生活在世上，总要与人相处，与人打交道。船山认为，人生活在不同的环境，与不同的人相处，对人生为善还是为恶的价值取向影响很大。与君子相处，就会受君子的影响，追求君子追求的东西，成为君子那样的人；与小人相处，就会受小人的影响，追求小人追寻的东西，成为小人那样的人。近朱者赤，近墨者黑，就是这个道理。

注释

1. 好君子之好：喜好会和有德者喜好一样，前一个“好”为动词，喜爱之意；后一个“好”，形容词，表示美好的东西。
2. 恶君子之恶：讨厌有德者所讨厌的东西，前一个“恶”，动词，讨厌、憎恨之意；后一个“恶”，形容词，表示很坏的恶劣的东西。
3. 好小人之好：喜好会像缺德者的喜好一样。
4. 恶小人之恶：讨厌缺德者讨厌的东西。
5. 又下：表示更进一层。
6. 流俗顽鄙者：泛指低级下流的人。流俗，流行的习俗、风俗；顽鄙，愚蠢无知。

美学

王夫之山水画遗墨　湖南博物院 藏

内极[1]才情[2]，外周[3]物理[4]。

出自《船山全书》第 15 册，第 843 页，《夕堂永日绪论内篇》

大意

（审美创造）从内来说要充分发挥人的才华，对外而言要充分感知客观事物的变化。

提要

这是船山审美创作论的总纲，也可以说是传统诗学具有总结性的美学命题。在“内极才情，外周物理”这个命题中，涉及审美创造的客观之源和主体表现的相互关系。他主张审美创造既不能脱离“外周物理”的客观现实生活之源，又要充分发挥主体的审美创造能动作用，这是对传统“外师造化，中得心源”的美学主张的传承和发挥。

注释

1. 极：穷尽、竭尽。
2. 才情：才思、才华。
3. 周：及，全面涉及。
4. 物理：事物的道理。

以目视者浅[1]，以心[2]视者长[3]。

出自《船山全书》第14册，第646页，《古诗评选》卷四

大意

以眼睛观看外物，境界会狭窄短浅；以心灵观照世界，境界则深远宽广。

提要

船山十分重视审美认识和审美创造活动中主体心灵的作用。在审美过程中，就如何克服感觉的局限性和发挥心神的能动性，他突出了“我心有势”（《庄子通·逍遥游》）的审美表现。船山批判地改造了庄子的主体自由精神，对审美认识和审美创造进行了规律性认识，以超越心神的方式去创造审美世界。

注释

1. 浅：浅显。这里指审美境界短浅。
2. 心：指审美心灵。
3. 长：指审美境界宽广。

禅家[1]有三量[2]，唯现量[3]发光。

出自《船山全书》第15册，第842页，《夕堂永日绪论内篇》

大意

佛教禅宗在讲心识时，有比量、非量、现量三种说法，只有现量这种直觉才能焕发出审美认识的光彩。

提要

船山一生辟佛，但其为学又批判地吸纳了佛学中有益的成分。其对“现量”的改造借用就是一例。“现量”是法相宗论心识时所指的感性直观认识方式，他将其改造借鉴为审美直觉，为中国古典美学审美认识开辟了一条新路。审美直觉是西方近代美学讨论的重要问题，中国古典美学鲜有论及，他将其纳入美学范畴，并对审美直觉进行了独特的探讨和发挥，这是船山对中国古典美学的独有贡献。

注释

1. 禅家：佛教禅宗。

2. 三量：佛教法相宗心识中的“比量”“非量”“现量”。“量”是指知识来源。“比量”“非量”是与概念推理相关的认识活动。

3. 现量：法相宗心识中“如实觉知”的感性直观认识，这里指审美直觉认识。

两间[1]之固有[2]者，自然之华[3]，因流动生变而成其绮丽[4]。心目之所及，文情赴之，貌[5]其本荣[6]，如所存而显之，即以华奕照耀[7]，动人无际矣。

出自《船山全书》第14册，第752页，《古诗评选》卷五

大意

天地之间客观存在的美的事物，是自然界的精华，它们因运动变化而成为绚丽多姿的景象。人们用眼睛去观察，用心灵去体味，再用审美感情去观照，然后描绘出事物的客观之美，按事物本来的景象去显现，这样便可以光彩照人，震撼人心了。

提要

船山认为美的事物是客观存在的。自然美是自然界客观存在的精华，诗歌美是表现自然美的审美表现。审美表现是主体心灵和情感的表现，但这种表现又是对自然美的一种典

型的创造性再现。美在自然，美也在心灵。美因人的审美表现而“动人无际”。

注释

1. 两间：天地之间。
2. 固有：客观世界本来就有的。
3. 自然之华：自然存在的精美事物。华的本义是花，引申为事物最好的部分。
4. 绮丽：华丽、艳丽。
5. 貌：本义为面貌，引申为描绘。这里指审美表现。
6. 本荣：意即事物原本昌荣的景象。本的原意为草木根部，事物的根本。
7. 华奕照耀：华美艳丽，光彩照人。

形[1]也，神[2]也，物[3]也，三相遇而知觉[4]乃发。

出自《船山全书》第12册，第33页，《张子正蒙注》卷一

大意

人的感觉器官，人的心神思维能力，客观外物，三者相遇，审美感知就发生了。

提要

这是船山提出的审美发生论。在审美认识发生过程中，客观外物是审美认识发生的源泉，人的五官之“形”是认识产生的主体生理基础，有了客观之“物”和主观之“形”，人可以产生对事物的感觉，但这还不是真正的审美观照，只有在“耳目受物”的过程中，加上人之心神作用，才能产生审美感知。船山十分重视外物与感觉、感觉与人心的统一性。审美感知的过程是由“物”及“形”，由“形”及“神”，再由“神”及“物”，“目遇心觉”（《周易外传》卷七），“心现其象”（《张子正蒙注》卷三）。

注释

1. 形：这里指人的感觉器官。

2. 神：指人之心神，包含人的抽象思维能力和形象思维能力。

3. 物：客观外物。

4. 知觉：这里指审美感知。

诗以道[1]情，道之为言路[2]也。情之所至[3]，诗无不至；诗之所至，情以之至。

出自《船山全书》第14册，第654页，《古诗评选》卷四

大意

诗歌创作在于抒发情感，抒发情感又体现在语言表达中。情感所抒发的，正是诗歌所表现的；诗歌所表现的，也是情感所抒发的。

提要

船山论诗，主张以“情”为主去认识诗歌的审美表现，这是中国古典美学和诗歌创作的精辟见解，也是对中国传统诗论和审美创造的本质特征的把握。船山论诗主情，又在诗论中说过诗歌创作要“以意为主”，看似矛盾，其实这个“意”是指诗歌的主题思想。他主张诗歌不能空喊口号，或以理入诗，或抽象写诗；诗之主题思想一定要融浃在情感形象之中，用情感形象去抒写主题思想，“神于诗者，妙合无垠”（《夕

堂永日绪论内编》）。中国诗歌创作的审美表现特征，从先秦《诗经》《楚辞》，到汉赋，再至唐诗、宋词、元曲，无不是以情感表现为主的。中国诗歌表现，注重的是以人心、人情去润化自然，以人心、人情去再造世界。他论诗从情出发，主张情景相入，情意相通，情景互生，情意化境。

注释

1. 道：说、言。这里指抒发。
2. 言路：指语言表达。
3. 至：到，到达。这里指抒发、表现。

夫景以情合，情以景生。初不相离，唯意所适。截分两橛[1]，则情不足兴，而景非其景。

出自《船山全书》第15册，第826页，《夕堂永日绪论内编》

大意

（在诗歌创作中）自然景物是与主观情感相结合的，诗情是因感兴外景萌生的。审美表现一开始，外景与诗情就联系在一起了，情景与主题表现相适应。如果生硬地把情与景分成互不相关的两头，那诗情就因没有外景而不能感兴，而外景也因没有诗情成为死景。

提要

情景互生，是船山十分重要的一个美学主张，也是船山对中国古典美学发展的一大贡献。情景是中国古典美学意境理论最基本的两要素。他对情景关系的认识，达到了中国古典美学新的高度。他认为情景在诗歌创作中，统一于审美表现的“兴”，不可成为孤立的“两橛”，而要融合两者，形成一个有机的整体——意境美。

注释

1. 截分两橛（jué）：截然分成两头。截，切断。橛，小木桩，这里用作量词，一段。

情景名为二，而实不可离。神[1]于诗者，妙合无垠[2]。巧[3]者则有情中景，景中情。

出自《船山全书》第15册，第824页，《夕堂永日绪论内编》

大意

诗情与外景名义上是两种不同的东西，但在诗歌创作的实质上是不能分开的。出神入化的诗歌创作，情景有机统一不露痕迹。高巧的诗歌表现，诗情的抒发往往蕴含在物景之间，物景的描绘又往往寄兴在诗情之中。

提要

船山认为，诗歌创作之美在于情景结合，情景统一。他更注重诗歌的意境美，所谓“神于诗者，妙合无垠”。诗歌创作不仅要做到情景结合，情中有景，景中含情，更要把情景巧妙结合，自然融浃，形成“妙合无垠”的诗境，这才是审美表现最高的艺术境界。

注释

1. 神：神奇的能力。这里指出神入化的审美表现。

2. 无垠：这里指没有痕迹。垠，边际，界限。

3. 巧：技艺高明。

“昔我往矣，杨柳依依；今我来思，雨雪霏霏。”[1]以乐景[2]写哀[3]，以哀景[4]写乐[5]，一倍增其哀乐。

出自《船山全书》第15册，第809页，《诗译》

大意

“从前我戍边出发时，春天的杨柳轻拂送我远行。如今我远征归来，冬日的雪花纷扬迎我回家。”（《诗经·小雅·采薇》）诗以春天的欢乐景象反衬戍卒远征的哀苦之情，以冬天的悲哀景色反衬戍边归家的欢乐之情。这样用自然荣凋景象与人情哀乐的反差来移情写景，可以把人的哀乐情怀抒写到极致。

提要

“以乐景与哀，以哀景写乐”是船山提出的一个重要美学命题。他注重审美创造的移情化境，用主观之情去再造客观之景。自然景象是无所谓哀乐的，只有在审美环境中，无情感的景物才能人情化。一般而言，繁荣的景象引发欢乐的情感，衰败的景色触发哀愁的情绪，这是一般的“景生情”的审美表现。比“景生情”更高一层的审美创造“情生景”，不但突破了自然物理的局限，还要突破一般生理反应或心理的局限，以主体的情思为起合，去移情写景，使诗境生长出一种心理的深度、情感的强度，这是审美创造的深度开掘。王国维发扬了这一思想：“以我观物，物皆着我之色彩”，“一切景语皆情语也”（《人间词话》）。

注释

1. 这首诗写征戍之苦，哀怨思归之情跃然纸上。杨柳依依的春景本应让人心旷神怡，但在征戍者别离家人时蒙上了哀怨的愁绪，于是乐景变哀。雨雪霏霏原本是悲凉的景象，但对久戍归来的征夫而言，再悲的景象也让团聚之情淡化了，于是哀景变乐。船山主张将心理情感融入景物描写，移情化境。

2. 乐景：繁荣、欢快的景象。自然景象无所谓哀乐，哀乐之景是人心之情的创造。船山突出了诗歌创作移情化境的作用，以人心人情再造审美世界。

3. 哀：悲哀、哀伤的情感。

4. 哀景：悲凉、衰败的景象。

5. 乐：欢愉、快乐的情感。

无论诗歌与长行文字[1]，俱以意[2]为主。意犹帅也。无帅之兵，谓之乌合。李[3]、杜[4]所以称大家者，无意之诗十不得一二也。烟云泉石，花鸟苔林，金铺锦帐[5]，寓意则灵。

出自《船山全书》第15册，第819页，《夕堂永日绪论内编》

大意

无论是诗歌，还是散文，都要以主题表现为主干。诗歌的主题思想就好比军队的统帅。没有统帅的军队，称为乌合之众。李白、杜甫之所以被称赞为诗界中的大家，正因为他们创作的诗歌大都意蕴突出、主题鲜明，无论自然的烟雾云霞、山泉奇石、花卉飞鸟、草苔树林，还是人为的华美陈设、富丽装饰，只要意蕴其间，其诗歌表现也就显得格外灵动，生趣盎然。

提要

船山在诗歌创作中，有着自己鲜明的美学主张。他力主诗歌艺术的形象性表现和主题表现有机统一。一方面，他反对抽象议论入诗，诗不能空发议论，诗歌表现不能成为说理文章。另一方面，他又主张诗歌要有明确的主题（意），主题表现要寓于形象表现之中。关于审美表现的形象思维与理论文章的逻辑思维的区别，船山更加突出了审美创造的形象性。

注释

1. 长行文字：指散文。

2. 意：心意，意识。这里指主题思想。意是船山美学中的一个重要范畴，其有二义：一为抽象的意识、空洞的思想，船山极力反对诗歌艺术空发议论，抽象说理。二为与形象思维相关的意蕴、主题表现，这是船山大力主张的。船山力主诗歌创作的主题表现，强调诗意与形象的有机统一。

3. 李：李白（701—762），字太白，号青莲居士。唐代大诗人，被誉为“诗仙”。天宝初入长安，任翰林院供奉。因蔑视权贵，遭谗出京。游历江湖，纵横诗酒。李白诗歌想象丰富，语言豪放，气势雄伟，开一代诗风，与杜甫齐名，并称“李杜”。

4. 杜：杜甫（712—770），字子美，自称杜陵布衣、少陵野老，唐代大诗人，被誉为“诗圣”。入仕玄宗一朝，身逢安史之乱，屡遭不顺，弃官入蜀，后又出蜀入湘，流离失所，病逝于漂泊湘江的旅途。杜甫诗歌写实，面向社会人生，其诗风沉郁，语言精练。

5.金铺（pū）锦帐：这里指华美的陈设。金铺，金属制的门上的衔环兽面；锦帐，锦缎织成的帐幕。

其他

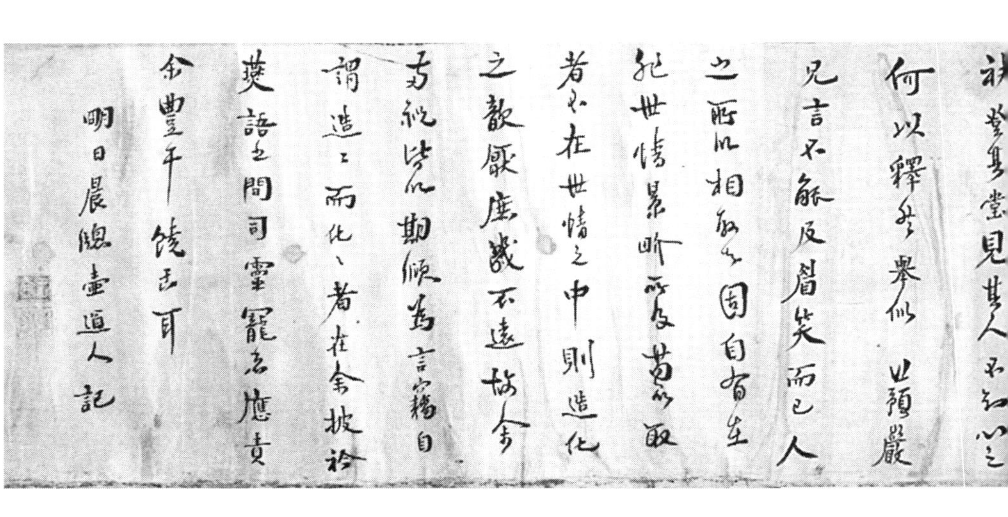

王夫之“祝唐钦文夫妇寿辞”手卷　湖南博物院 藏

唐氏自荊川公以來恂恂
乎儒子莊莊乎士五世如一
人一日嘗之者或不能知
之知之者亦不能知其深
也余以世誼浮盡悉其內
行故入林以來二十餘年
如黃楊逢閏筆舌多縮
而一再急引伸不能自休
非直以須臾之數相与游
也漢東平王有言爲善最
樂則見人爲善之樂亦可
知矣以塞江南清嶽巒北

有明王夫之，生于屈子[1]之乡。而遘闵[2]戢志[3]，有过[4]于屈者，爰[5]作《九昭》[6]而叙之曰：仆[7]以为抱独[8]心者，岂复存于形埒[9]之知哉！……聊为《九昭》，以旌[10]三闾[11]之志。

出自《船山全书》第15册，第147页，《姜斋文集》卷五

大意

明朝的王夫之，出生在屈原的故乡，但他遇到的忧患，“自埋”的志向，已经超过了屈原。于是他（仿效屈原）写下《九昭》陈述自己的心迹：我认为怀抱孤忠的爱国之心，怎么能只表现为外表的悲愤呢！……姑且写了《九昭》，用来彰扬屈原的爱国志向。

提要

屈原是中国历史上第一位伟大的爱国主义诗人。船山以屈原为榜样，尊屈原为屈子，奉《离骚》为“离骚经”，视

屈原爱国为“千古独绝之忠”。船山一生坚持民族大义至上，认为自己遭遇的困难忧患——矢志复国却无力扶倾的磨难，甚至超过了屈原。即使苦难再大，磨难再多，他也要像屈原那样，以诗明志，向天地坦明自己的“抱独”之心，向世人宣告自己“埋心不死”的奋斗方式。明亡之后，船山坚贞“自埋”，退伏幽栖，俟曙而鸣。他潜心著述，捍卫华夏文化，坚守民族精神家园，希望走出一条文化复兴的新路来！

注释

1. 屈子：屈原（约前340—约前278）。战国时楚国著名政治家、诗人，名平，字原，又字灵均。屈原一生忠贞为国，是中国古代爱国主义的典范。
2. 遘（gòu）闵：遭遇忧患。遘，遭遇，遇到。闵，忧患，忧虑。
3. 戢（jí）志：指志向无法实现。戢，收敛，收藏。
4. 过：超过。
5. 爰（yuán）：这里用作连词，于是。
6. 《九昭》：船山仿照屈原《九歌》《九章》形式，写下的明心见志之诗。昭，彰明，显示。
7. 仆：男子自称的谦辞。
8. 抱独：怀抱孤忠爱国之心。
9. 形埒（liè）：迹象，征兆。
10. 旌（jīng）：表彰，表扬。
11. 三闾（lǘ）：这里指屈原。屈原担任过三闾大夫。

有明遗臣[1]行人[2]王夫之字而农葬于此，其左则其继配[3]襄阳郑氏之所祔[4]也。自为铭[5]曰：抱刘越石[6]之孤愤而命无从致[7]，希张横渠[8]之正学[9]而力不能企[10]，幸全归于兹丘[11]，固衔恤[12]以永世[13]。

出自《船山全书》第15册，第228页，《姜斋文集补遗·自题墓石》

大意

明王朝幸存下来的臣子，行人司行人王夫之，字而农，埋葬在这里。墓的左边是其续妻襄阳人郑氏，与其合葬。我为自己写下墓志铭：怀抱西晋刘琨孤忠救国的大志，但命运坎坷无法实现志向；希冀北宋张载一生追求的儒家正宗之学，但力不从心难以达到目标。幸好七尺身躯完整无损埋葬在这片坟山，我贞固一生怀抱忧愤在这里与天地长存。

提要

“抱刘越石之孤愤而命无从致，希张横渠之正学而力不能企。”这是船山一生的自我概说。前一句是他前半生的政治追求，政治上坎坷救国，却壮志难酬；后一句是他后半生的学术追求，学术上以文救国，开新传统。二者前后贯通，突出了他一生的奋斗主旨：民族大义至上，以文救国。

船山一生为民族复兴孤忠奋斗的精神早已超越刘琨，其担当以文救国使命、开六经生面的为学贡献也早已超越张载，但他还是自谦，以刘、张二人为榜样去立志救国、复兴民族，其情怀之高洁，境界之深远，用心之良苦，发人深省。《自题墓石》，微言大义，孤心独照。

注释

1. 遗臣：前朝的旧官。
2. 行人：古代官名，掌管朝觐、聘问等事。
3. 继配：续娶的妻子。
4. 祔（fù）：合葬。
5. 铭：一种文体，多用来记功颂德，或诫勉自己。
6. 刘越石：刘琨（271—318），西晋将领、诗人，字越石。中山魏昌（今河北定州东南）人。少与祖逖为友，闻鸡起舞，志在报国。为官并州刺史，继任大将军，长期坚守并州，忠于晋朝。奋力救国，却壮志未酬，后为鲜卑贵族所害。写有许多悲情激昂、壮志救国的诗歌，明人辑有《刘越石集》。
7. 从致：跟随达到目标。
8. 张横渠：张载（1020—1077），北宋大儒，字子厚，凤翔郿县（今陕西眉县）横渠镇人，世称“横渠先生”，理学创始人之一。曾任著作佐郎、崇文院校书等职。辞官后讲学关中，其学派被称为“关学”。他提出“太虚即气”，认为“气”是充塞宇宙的实体，“气”的聚散变化形成各种事物现象。代表作有《正蒙》等。为学主张“为天地立心，为生民立命，为往圣继绝学，为万世开太平”。

9. 正学：儒家正宗之学。

10. 企：盼望，希望。

11. 兹丘：这座坟山。丘，土山，坟墓。

12. 衔恤：心怀忧虑。

13. 永世：永远，长久。

荒郊[1]三径[2]绝，亡国一臣孤。霜雪[3]留双鬓，飘零[4]忆五湖[5]。差足[6]酬[7]清夜，人间一字无。

出自《船山全书》第15册，第921页，《船山诗文拾遗·绝笔诗》

大意

荒凉的野外已无故国田园景象，败亡的明朝只留下孤独的臣子。忧愤一生，如今已是白发苍苍；遥想当年崎岖救国漂泊四方。人生蹉跎，何以应答这清凉的夜色，敢问天地我不愿留下一个字在如此人世间。

提要

这首“绝笔诗”是船山七十三岁时所作，也是船山在生命中最后一个冬天对人生发出的最后感慨。品味此诗，要结合船山的人生解读，方能读出船山“孤心”的境界。全诗孤心独照，孤情独抒，孤忠独抱，从开篇“亡国一臣孤”，到结尾“人间一字无”，怎一个“孤”字了得。船山一生，大义卓绝，志在救国。南岳举兵，虽败犹荣；投身永历，泣血扶倾；坎坷人生，崎岖救亡；救国无望，退伏幽栖；埋心不死，俟曙而鸣；潜心著述，矢志复兴；担当大义，以文兴国。船山从当初的政治救国转向以文救国，其后半生心血全部集中在捍卫民族文化、坚守民族精神家园上。他坚信文化在，中国在；文化兴，中国兴。他以“埋心不死”的“抱独”方式抒发了中国思想史上的精神绝唱。烈士暮年，壮心不死。虽然政治复国的道路已经阻绝，但以文兴国的道路依然漫长。船山一生贞固卓绝，潜心著述，绝笔峥嵘。他遍注群经，开六经生面，写下八百万字，竟然说不留下一个字在这人世间，这是何等悲怆，又是何等孤愤！

注释

1. 荒郊：荒凉的野外。船山晚年隐居湘西草堂，草堂地处荒野，船山在《船山记》一文中对此处环境有过描述，暗喻清朝统治下的荒凉景象。
2. 三径：指归隐后所隐居的田园之地。陶渊明《归去来兮辞》：“三径就荒，松菊犹存。”径，原指山野小路。
3. 霜雪：形容人老白发苍苍。
4. 飘零：形容像落叶一样漂泊流落。
5. 五湖：泛指全国各地。古代五湖有多种说法，先秦古籍常谓吴越地区有五湖，后指五个大湖的总称，近代一般以洞庭、鄱阳、太湖、巢湖、洪泽为五湖。
6. 差（chā）足：蹉跎之意，蹉跎岁月，虚度光阴。差，通“蹉”。
7. 酬：报答，应对。

船山记

船山，山之岑[1]有石如船，顽石[2]也，而以之名。其冈童[3]，其溪渴，其靳有[4]之木不给于荣，其草瘽靡[5]纷披而恒若凋，其田纵横相错而陇首不立[6]，其沼[7]凝浊以停而屡竭其濒[8]，其前交蔽[9]以绞[10]送远之目，其右迤[11]于平芜[12]而不足以幽，其良禽[13]过而不栖，其内趾之狞者[14]与人肩摩[15]而不忌，其农习视[16]其塍埒[17]之坍谬[18]而不修，其俗旷百世而不知琴书之号[19]。然而予[20]之历溪山者十百，其足以栖[21]神怡[22]虑者往往不乏[23]，顾于此阅寒暑者十有七，而将毕命[24]焉，因曰：此吾山也！古之所就[25]，而不能概[26]之于今；人之所欲，而不能信之于独[27]。居今之日，抱独之情[28]，奚[29]为而不可也？古之人，其游也有选，其居也有选。古之所就，夫亦人之所欲也。是故[30]翔视[31]乎方州，而尤佳者出。而跼[32]天之倾，蹐[33]地之坼[34]，扶寸[35]之土不能信为吾有，则虽欲选之而不得。蠲[36]其不欢，迎其不棘[37]，江山之韶令[38]，与愉恬之志相若则相得，而固为棘人[39]，地不足以括其不欢之隐，则虽欲选之而不能。仰而无憾者则俯而无愁，是宜得林峦之美荫[40]以旌[41]之。而一抔[42]之土，不足以荣吾所生，五石[43]之炼，不足以崇吾所事，栫[44]以丛棘，履[45]以繁霜，犹溢[46]吾分[47]也，则虽欲选之而不忍。赏心有侣[48]，咏志有知[49]，望道[50]而有与谋，怀贞[51]而有与辅，相遥感者，必其可以步影[52]沿流，长歌互答者也；而茕茕[53]者如斯矣，营营[54]者如彼矣，春之晨，秋之夕，以户牖[55]为丸泥而自封也，则虽欲选之而又奚以为。夫如是[56]，船山者即吾山也，奚为[57]而不可也！无可名之于四远[58]，无可名之于末世[59]，偶然谓之，欻然[60]忘之，老且死，而船山者仍还其顽石。严之濑[61]，司空之谷[62]，林之湖山[63]，天与之清美之风日，地与之丰洁之林泉，人与之流连之追慕，非吾可者，吾不得而似也。吾终于此而已矣。

辛未深秋记

出自《船山全书》第15册，第128—129页，《姜斋文集》卷二

大意

船山的山崖上有形似大船的巨石。这是一块未经斧凿的硬石头，（山）就用它来命名了。

船山山冈光秃秃的，这里溪流干涸，稀疏的树木生长也不繁盛，草丛枯瘦散乱倒伏，好像一年四季都是凋谢的情形；这里的田地纵横相交，田埂分界难以辨认，水塘混浊，死水一池，水源经常断流。山前障碍重重挡住远望的视线，山的右边地势斜延出一片荒芜的平地却难以形成幽清之地。这里有性情温驯的鸟兽经过，但不栖息此地；这里有形貌狰狞的野兽，与人擦肩而过也毫不顾忌。这里的农夫看惯了塌陷的田垄也不愿去整修，这里的乡俗历经几百年也不知诗书礼乐的文明教化。

我历经过无数的山水，其间足够让我修养精神愉悦思虑的地方也有不少。（我）探访此地看过冬去夏来已有十七年了，然而（我的）生命快要（在此）结束，因此我说：这座山就是我的山哟！

古人所向往的地方，不能说是今人也会选择；人们普遍追求的东西，并不能确定为个人独特的需求。我生活在当下，怀抱着独立于天地的情怀，有什么不可以（以船山代表我的山）呢！古代的人们，去哪里出游会有选择，在哪里居住也会有选择。古人的向往，也就是一般人的选择。所以翱翔天空俯瞰大地，最美的地方就被发现了。可是我在倾倒的天空下弯曲身子，在分裂的大地上小心翼翼前行（寻找我的理想之地），没有一寸土地可以确定为我所有，即使我想选一个好地方也不可能。

想要免除心中的不快乐，迎来安宁的心境。美好的山河与欢愉的心境相融，情景相生相得。可我是个失去故国的人，大地已无法容纳我悲伤的隐痛，即使想要选择一处合适的安身之地也不可能了。

仰视天空没有遗憾，俯瞰大地没有忧愁，有如此胸襟的人，应该得到美好的山林庇所以作为表彰。可是，给我一座小小山丘，也不足以荣耀我的人生；即使炼成长生五石散，也不足以使我的事业更崇高。用荆棘堵塞我的住所，用寒霜覆盖我的行路，这样做依然超出我的忍受范围，然而尽管可以选择更好的地方，我也不会那样去做。

欣赏美景时有同伴，吟唱诗歌时有知音，守望正道时有人与你商讨，怀抱坚贞志向时有人与你相互支持。距离遥远但心灵相通，这样的人一定可以身影相随漫步水边，放歌咏志互相唱和。可是，我却像这座山（船山）一样孤独，那些谋利的人却在四处奔忙。春天的早晨，秋天的黄昏，我只能把门窗当作丸泥封闭自己，虽然还能选择去处，那又有什么用？！

如此看来，船山这座山就是代表我的山了！有什么不可以的呢？（船山）没有什么可以扬名四方，也没有什么可以传名于未来，（人们）偶然说到它，转眼又会忘记。（我）年岁已老，不久将要死去，船山仍然还是那块顽强贞固的巨石。严子陵栖身的七里滩，司空图幽伏的王官山谷，林逋隐居的西湖孤山，老天给予他们清静美丽的风景，大地给予他们丰盛洁净的森林清泉，人们给予他们仰慕追随，这些不是我认可的。我不会像他们一样，我的一生终结在船山了！

辛未年（1691）深秋记叙

提要

《船山记》是船山的绝笔之作。这个“绝笔”有两重意思。一是船山生命的“绝笔”，《船山记》作于 1691 年深秋，是时先生 73 岁，数月后先生病逝，此文是先生人生最后之作。二是船山著述的“绝笔”，《船山记》是其八百万字遗著中文字极少、分量极重、意义极大的一篇卓绝奇文，是其一生文字中概说抱独精神的大作，是船山精神和气节的典型写照。王夫之一生有二十多个名号，却在生命的最后时光，以“船山”自号终老。“船山”之名源于《船山记》，他以船山自况，独抱“顽石”，独立天地，卓立千古。后世学者，仰慕船山精神和人格，广以“船山”称之。

《船山记》精神卓绝，独步古今，其文之曲美，其情之悲愤，其志之“冥顽”，其意之超越，堪称绝笔峥嵘，风骨嶙峋。文章不长，仅 600 多字，但在其一生的文字中独领风骚。他行将告别人世，以“顽石”自喻，显示自己穷老荒野而独立天地的精神境界，壁立万仞、只争一线的“抱独之情”，远离世俗选择孤独与崇高的“顽石”品质。船山实际上成为一种精神的符号，一种人格的象征。

《船山记》是一篇散文。全文语气深沉悲愤，行文曲笔隐晦，寓意幽深独特。这篇绝笔散文开篇明志，把自己比喻为船山上的顽石。顽石千年不移，冥顽不化。接着曲笔写景，浓墨勾勒出船山自然环境恶劣，其地荒凉贫瘠，习俗原始愚昧。实际上他在曲笔描述清朝的蛮夷与落后。在如此险恶的环境中，他别无选择，以顽石贞固之志，傲然独立，顽强不屈，为民族复兴坚守精神家园。明知自己“将毕命焉”，依然故我，坚守“抱独之情”。正是顽石一般的“抱独”精神，让他彻底摆脱“古之所就”的传统，走出“人之所欲”的流俗，选择一条“埋心不死”却如顽石般独立人世的抗争之路。作者虽然自比“棘人”，亡国之恨却永世不忘。人总会老去死去，但“船山者仍还其顽石”，“夫如是，船山即吾山也”，意思是我就是船山，船山就是我。我的肉体生命可以死亡消失，但我的精神生命却似顽石一样独立天地。这是何等悲壮的生命绝唱！这是何等伟大的精神绝响！

注释

1. 山之岑：山崖。岑：小而高的山。这里指山崖。柳宗元《零陵春望》云：“云断岣嵝岑。”
2. 顽石：未经斧凿的坚硬石头。
3. 童：山无草木。《荀子·王制》有云：“故山林不童而百姓有余材也。”
4. 靳（jìn）有：稀少之意。靳，吝惜，不肯给予。
5. 癯（qú）靡：形容干草枯瘦随风而倒。癯，瘦。靡，倒下。

6. 陇首不立：无法辨认田埂从何处开始。陇，通“垄”，田埂。

7. 沼：天然的水池。

8. 濒：水边，临近。这里喻水。

9. 交蔽：相互遮住。

10. 絯（gāi）：束缚。

11. 迤：地势斜延。

12. 平芜：杂草繁茂的原野。

13. 良禽：性情温驯的鸟兽。禽，鸟兽的总称。

14. 内趾之狞者：意指形貌狰狞的野兽。内趾，指四足动物。

15. 肩摩：擦肩而过。

16. 习视：熟视无睹。

17. 塍埒（chéng liè）：田间土埂。

18. 坍谬：田埂倒塌。

19. 琴书之号：泛指文化教育。琴书，代指音乐、文字。

20. 予：我，第一人称代词。

21. 栖：停留，歇息。

22. 怡：和悦，愉快。

23. 乏：缺少。

24. 毕命：结束生命。

25. 就：接近，趋向。

26. 概：大概，总结。

27. 独：单独，独自。

28. 抱独之情：怀抱独立天地的情怀。

29. 奚：疑问代词，什么，哪里。

30. 是故：所以。

31. 翔视：翱翔天空，俯视大地。

32. 跼（jú）：弯曲。

33. 蹐（jí）：走小碎步。

34. 坼（chè）：分裂，裂开。

35. 扶寸：亦作“肤寸”。古代长度单位，一指为寸，一肤四寸。

36. 蠲（juān）：除去，免除。

37. 棘：通“急”，急迫。

38. 韶令：美好。

39. 棘人：父母已亡者，自称“棘人”。这里指失去故国之人。

40. 荫：遮盖，庇荫。

41. 旌：表彰。

42. 抔（póu）：一捧。

43. 五石：古代道家炼五石散，谓服之能长寿。

44. 楗（jiàn）：堵塞。

45. 履：践踏，踩。

46. 溢：原意为水漫出来。此有超出之意。

47. 吾分（fèn）：我的本分。

48. 侣：同伴。

49. 知：这里指知音。

50. 望道：守望正道。

51. 怀贞：怀抱坚贞。

52. 步影：随影而行。

53. 茕（qióng）茕：孤独无依的样子。

54. 营营：奔走钻营的样子。

55. 户牖：门窗。

56. 夫如是：如此，这样。夫，句首，语气词。

57. 奚为：为什么。

58. 四远：四方边远地区。

59. 末世：一个历史阶段最后的时期。这里喻指来世，未来的日子。

60. 欻（xū）然：忽然，迅速。

61. 严之濑：严子陵隐居的七里滩。严，指东汉隐士严子陵。濑，湍急的流水。

62. 司空之谷：司空图退隐的山谷。司空图，晚唐诗人。曾隐居中条山王官谷，放歌山林，诗多闲适。

63. 林之湖山：北宋诗人林逋栖身的西湖孤山。

示子侄

立志之始，在脱习气[1]。习气薰人，不醪[2]而醉。其始无端，其终无谓。袖中挥拳[3]，针尖竞利[4]。狂[5]在须臾[6]，九牛莫制[7]。岂有丈夫[8]，忍以身试！彼可怜悯，我实惭愧。

前有千古，后有百世。广延九州[9]，旁及四裔[10]。何所羁络[11]？何所拘执[12]？焉有骐驹[13]，随行逐队？无尽之财，岂吾之积。目前之人，皆吾之治。特不屑[14]耳，岂为吾累[15]。潇洒安康，天君[16]无系[17]。亭亭鼎鼎[18]，风光月霁[19]。

以之读书，得古人意。以之立身，踞[20]豪杰地。以之事亲[21]，所养惟[22]志。以之交友，所合惟义。惟其超越，是以和易[23]。光芒烛[24]天，芳菲[25]匝[26]地。深潭映碧，春山凝翠。

寿考维祺[27]，念之不昧[28]。

出自《船山全书》第15册，第145页，《姜斋文集》卷四

大意

（人们）开始确立志向，根本在于摆脱坏的习惯（风气）。坏的习惯（风气）熏染人心，好比闻到酒气，没喝也会醉人。坏习惯是不知不觉形成的，它最终的影响难以言说。（一旦形成坏习惯）人们就会暗中争斗，追逐一己私利，甚至突然之间发起狂来，九头牛也拖不住。有责任担当的男子，会容忍自己去做这样的尝试？染上坏习惯的人实在可怜，我也为他们感到惭愧。

以往的历史已有数千年，今后的岁月还会延续无数代。中国疆土广阔，有九州之域，周边还有四方遥远之地。人们

不会被地域所束缚，也没有什么可以限制人们成长。（有志少年）要像骏马一样，怎能步人后尘随波逐流？世上有数不尽的财富，难道这是我一生积聚的追求？当今世上唯利是图的人，是我辈需谨慎小心的对象。（争名逐利）要特别警惕不屑一顾，不能让逐利风气成为人生拖累。心里没有名利牵绊，人生才会自在潇洒安详健康。做人正直而立，人生就会拥有日清月朗的无限风光！

用这样的心智去读书，可以领会古人的用意；用这样的心智学做人，可以成为才能出众的人；用这样的心智去侍奉父母，涵养的是忠孝志节；用这样的心智去交朋友，志同道合追寻的是正义。只有超越习气，人生才会顺达，社会才会和谐。（从小立志）人生就会光芒照耀，芳草遍地；就像清澈的潭水映出碧空，春天的山峦簇拥翠绿，一片生机盎然。

人要想幸福相伴吉祥长寿，就要牢记家训，明确人生方向。

提要

这是船山的一篇家训，虽是写给王氏家族后人的，对世人也有着普遍的教育意义。

儒家文化的根本是做人。从孔子开始，怎样做人，就成为儒家文化的第一要义。船山是儒家文化的坚定捍卫者和提升者，他主张“教者以正志为本”，立志是做人的根本。这篇家训就以形象的语言，强调了立志的重要性和价值意义。

文章短小精练，四言韵文一气呵成。文分四段，四层意思，环环紧扣，首写立志重要性，次写培养人生美好追求，再写确立美好志向春光无限，结尾教导子孙牢记家训，幸福才会永远相伴。

立志做人，做有道德、有文化、有理想、有担当的君子，是船山为学的大方向。

注释

1. 习气：习惯。一般指逐渐形成的坏习惯和坏风气。
2. 醪（láo）：汁渣混合的酒。泛指酒。
3. 袖中挥拳：喻指暗中争斗。
4. 针尖竞利：争逐针尖大小的利益。
5. 狂：放荡狂妄，纵情任性。
6. 须臾：一会儿，片刻。
7. 九牛莫制：九头牛也不能拖住。
8. 丈夫：成年男子。
9. 九州：这里指中国。
10. 四裔：四方边远的地方。
11. 羁络：原意为马络头。这里指控制。
12. 拘执：拘泥固执。
13. 骐驹：指骏马、良马。骐，有青黑色纹理的马。驹，少壮的马。
14. 屑：认为值得（做）。
15. 累（lèi）：牵连，拖累，负担。
16. 天君：指思维器官“心”。古人认为“天君”是管理天官（耳、目、口、鼻、形体等感觉器官）的。
17. 系：牵挂。

18. 亭亭鼎鼎：形容高耸而立。

19. 霁：明朗。

20. 踞：蹲坐。引申为占据。

21. 事亲：侍奉父母。

22. 惟：只，只有。

23. 和易：谦和平易。

24. 烛：照耀。

25. 芳菲：多指花草盛美。

26. 匝：周遍，满。

27. 寿考维祺：语出《诗经·大雅》，喻指人长寿幸福。

28. 昧：愚昧，无知。